DIREITO DAS ORGANIZAÇÕES INTERNACIONAIS E DIREITO DE INTEGRAÇÃO

Adherbal Meira Mattos

Professor Titular de Direito Internacional da Universidade Federal do Pará (UFPA); Advogado; Escritor; Consultor de Direito e Relações Internacionais.

DIREITO DAS ORGANIZAÇÕES INTERNACIONAIS E DIREITO DE INTEGRAÇÃO

RENOVAR

Rio de Janeiro • São Paulo • Recife

2008

Todos os direitos reservados à
LIVRARIA E EDITORA RENOVAR LTDA.
MATRIZ: Rua da Assembléia, 10/2.421 - Centro - RJ
CEP: 20011-901 - Tel.: (21) 2531-2205 - Fax: (21) 2531-2135
FILIAL RJ: Tels.: (21) 2589-1863 / 2580-8596 - Fax: (21) 2589-1962
FILIAL SP: Tel.: (11) 3104-9951 - Fax: (11) 3105-0359
FILIAL PE: Tel.: (81) 3223-4988 - Fax: (81) 3223-1176

LIVRARIA CENTRO (RJ): Tels.: (21) 2531-1316 / 2531-1338 - Fax: (21) 2531-1873
LIVRARIA IPANEMA (RJ): Tel: (21) 2287-4080 - Fax: (21) 2287-4888

www.editorarenovar.com.br   renovar@editorarenovar.com.br
                                SAC: 0800-221863
© 2008 by Livraria Editora Renovar Ltda.

Conselho Editorial:

Arnaldo Lopes Süssekind — Presidente
Carlos Alberto Menezes Direito
Caio Tácito (*in memoriam*)
Luiz Emygdio F. da Rosa Jr.
Celso de Albuquerque Mello (*in memoriam*)
Ricardo Lobo Torres
Ricardo Pereira Lira

Revisão Tipográfica: Mª Cristina Lopes

Capa: Diogo Machado

Editoração Eletrônica: TopTextos Edições Gráficas Ltda.

N° 0977

CIP-Brasil. Catalogação-na-fonte
Sindicato Nacional dos Editores de Livros, RJ.

M306d	Mattos, Adherbal Meira Direito das organizações internacionais e direito de integração / Adherbal Meira Mattos. — Rio de Janeiro: Renovar, 2008. 188p.; 21cm. Inclui bibliografia ISBN 978857147-651-6 1. Direito de integração. — Brasil. — I. Título. CDD — 346.81015

Proibida a reprodução (Lei 9.610/98)
Impresso no Brasil
Printed in Brazil

A meus filhos

Bruno
Marcelo
Renato
Brenda

O Direito das Organizações Internacionais e o Direito de Integração — o primeiro há mais tempo e o segundo há menos tempo — constituem objeto do Direito Internacional, máxime, hoje, com a Nova Ordem Mundial, transnacional, integrada e globalizada. Por isso, ora abordo a temática neste estudo - a partir do exposto no meu DIREITO INTERNACIONAL PÚBLICO, também da RENOVAR, devidamente revista e atualizada - enfatizando, *inter alia*, na Primeira Parte, a Organização das Nações Unidas, e na Segunda Parte, a União Européia.

A.M.M

SUMÁRIO

INTRODUÇÃO 1

PRIMEIRA PARTE
DIREITO DAS ORGANIZAÇÕES INTERNACIONAIS

Capítulo I
ORGANIZAÇÕES INTERNACIONAIS:
Organização das Nações Unidas (ONU) 7
1 — Antecedentes — ONU e SDN 8
2 — Natureza Jurídica 13
3 — Princípios e Fins 16
4 — Membros 20
5 — Admissão, Suspensão e Expulsão 20
6 — Órgãos Principais 23
7 — Organismos Especializados 49
8 — Outros Organismos Internacionais 69
9 — Programas das Nações Unidas 73

Capítulo II
ORGANIZAÇÕES REGIONAIS 77
1 — Organizações Americanas 78
2 — Organizações Européias 99

3 — Organizações Asiáticas... 109
4 — Organizações Africanas... 111
5 — Liga dos Estados Árabes... 113

Capítulo III
OUTRAS ORGANIZAÇÕES 115
1 — Noções Gerais 115
2 — Organização Mundial do Comércio (OMC)..................... 117

SEGUNDA PARTE
DIREITO DE INTEGRAÇÃO

Capítulo I
INTEGRAÇÃO OCIDENTAL (Americana e Africana) 131
1 — Noções Gerais 131
2 — MERCOSUL e Outras Entidades..................................... 139

Capítulo II
INTEGRAÇÃO OCIDENTAL (Européia) 149
1 — União Européia (UE) e Outras Entidades....................... 149
2 — O Tratado Constitucional.. 157

CONCLUSÃO.. 181

BIBLIOGRAFIA BÁSICA... 185

INTRODUÇÃO

O presente estudo compõe-se de duas partes. A Primeira Parte — Direito das Organizações Internacionais — estuda a Organização das Nações Unidas (ONU), Organizações Regionais e outras Organizações — no contexto da Cooperação e a Segunda Parte — Direito de Integração — estuda as entidades supranacionais — no contexto da Integração, de que é exemplo maior a União Européia.

Organização Internacional é uma associação voluntária de Estados (membros ordinários e associados), constituída por ato interestatal (tratado ou convenção), com personalidade internacional (independente da personalidade de seus membros), ordenamento jurídico interno (estatuto), órgãos (principais e acessórios), poderes próprios (expressos ou implícitos) e competência funcional (responsabilidade pelos atos de seus órgãos e de particulares praticados dentro de suas sedes), de onde decorrem sua institucionalização e sujeição ao Direito Internacional.

As Organizações, no Direito Internacional, podem ser classificados quanto aos seus fins, em gerais (ONU) e especiais (BIRD, FMI); quanto ao seu âmbito territorial, em parauniversais (ONU), regionais (OEA) e quase-regionais (OTAN); quanto à natureza de seus poderes, em organizações intergovernamentais (ONU), onde predomina a cooperação, supranacionais (União Européia), onde predomina a Integração, transnacionais (as TNCs), onde atuam as empresas e não governamentais (as ONGs), formadas por grupos não-governamentais temáticos.

Este estudo analisa as Organizações Intergovernamentais (enfatizando a ONU) e as Organizações Supranacionais (enfatizando a União Européia), além de outras Organizações — por exemplo, a Organização Mundial do Comércio, sempre, com base no Direito, enquanto instrumento do Poder, a que se alia a luta universal pelo poder, por parte dos Estados e das Organizações. Por isso, adverte Morgenthau para a manutenção do Poder, para o aumento do Poder e para a demonstração do Poder sobre mentes e ações, quaisquer sejam os atores da sociedade internacional, a despeito das limitações impostas ao Poder pelo Direito (Interno ou Internacional).

Tenho me fundamentado na tônica do Poder, no quadro da sociedade internacional. Nesse ponto, observa Paulo Casella que os Estados se engajam na busca do Poder, enquanto atores primários do plano interestatal, formando instituições que podem modificar a anarquia, daí sua conclusão de que o Direito Internacional Pós-Moderno tenta criar um quadro normativo e institucional. As Organizações objeto deste estudo — de Cooperação e de Integração — integram esse contexto, pois são todas elas formadas por Estados, advindo, daí, a relação entre Direito e Relações Internacionais, que se impõem como necessárias num mundo onde se instaura crescente interdependência, através (Celso Lafer) dos campos estratégico-militar, econômico e de valores. Sempre com fundamento na busca do Poder, levando-se em conta a regulamentação jurídica das relações internacionais e seus princípios político-jurídicos.

PRIMEIRA PARTE

DIREITO DAS ORGANIZAÇÕES INTERNACIONAIS

Capítulo I

ORGANIZAÇÕES INTERNACIONAIS:
Organização das Nações Unidas (ONU)

A ONU surgiu em 1945, em decorrência da Segunda Grande Guerra, visando à manutenção da paz e da segurança internacionais da mesma forma como ocorrera, em 1919, com a SDN (Sociedades das Nações), com relação ao Primeiro Conflito Mundial. Sua sede é em Nova Iorque, entre as ruas 42 e 48, às margens do East River. Sua lei básica é a Carta das Nações Unidas (aprovada pelo Brasil, por meio do Dec.Lei nº 7.933, de 4-10-1945).

A Carta compreende o preâmbulo, cujo valor jurídico é indiscutível, em face de sua característica de Constituição Mundial (da Carta) e cento e onze artigos (o Pacto da SDN somente tinha 26), além do Estatuto da CIJ, que a integra para todos os fins de direito. No caso de conflito entre as obrigações dos Estados-membros em virtude da Carta e as obrigações resultantes de outros acordos internacionais, prevalecerão as assumidas com virtude da Carta (art. 103).

Os idiomas oficiais da ONU (art. 111) são cinco: inglês, russo, francês, chinês e espanhol. São idiomas de trabalho o inglês e francês que, por sua vez são línguas oficiais da CIJ. A diferença está em que todos os discursos pronunciados em línguas oficiais são traduzidos para as línguas de trabalho, mas os pronunciados em uma língua de trabalho somente são traduzidos para a outra língua de trabalho.

A ONU, como as organizações internacionais, em geral, além de contar com os poderes expressos, constantes de sua Carta, também possui poderes implícitos (*implied powers*), em face de sua natureza e visando à efetiva concretização de seus objetivos. Foi assim que a Assembléia Geral criou o Tribunal Administrativo das Nações Unidas (TANU) e o Conselho de Segurança, a Comissão de Desarmamento, vinculados, respectiva e diretamente, a cada um desses órgãos.

1. Antecedentes — ONU e SDN

Podemos considerar dois tipos de antecedentes da ONU: remoto e próximo. O antecedente remoto é a SDN. São antecedentes próximos, a Carta do Atlântico, a Declaração das Nações Unidas, a Conferência de Moscou, a Conferência de Dumbarton Oaks e a Conferência de Ialta.

A Carta do Atlântico, de 14 de agosto de 1941, a despeito de sua denominação, não é uma convenção, mas uma simples declaração. Uma declaração *sui generis*, aliás, pois não foi propriamente assinada, mas apenas rubricada, por Roosevelt, como presidente dos EUA, e por Churchill, como primeiro-ministro da Inglaterra, quando ficou decidida a participação norte-americana no II

Conflito Mundial. Entre seus princípios básicos, temos o da autodeterminação dos povos, a proibição da guerra de conquista e o desarmamento dos Estados.

A Declaração das Nações Unidas, de 1º de janeiro de 1942, foi a primeira a citar, em um texto internacional, a expressão "Nações Unidas", proposta, aliás, pelo presidente Roosevelt. Nela foram reafirmados os princípios da Carta do Atlântico, tendo sido assinada pelos vinte e seis países em guerra contra as potências do Eixo, em termos de mútua cooperação.

A Conferência de Moscou, de 1º de novembro de 1943, tratou de problemas vinculados à segurança coletiva e dos crimes de guerra, o que serviu de base para a constituição do Tribunal Militar Internacional (Nuremberg), que julgou e condenou criminosos do II Conflito Mundial. Foi a primeira vez em que, oficialmente, se cogitou da criação, a curto prazo, de uma nova organização internacional para substituir a SDN. Essa idéia foi reafirmada na Conferência de Teerã, de dezembro do mesmo ano. Tal organização veio a ser a ONU.

A Conferência de Dumbarton Oaks, de 1944 (Washington DC), se realizou em duas etapas. A primeira, de 21 de agosto a 28 de setembro, com a presença dos representantes da ex-URSS, Reino Unido e EUA e a segunda, de 29 de setembro a 7 de outubro, quando a ex-URSS foi substituída pela República da China, por não estar a primeira em guerra com o Japão. Apresentou proposta de criação de uma nova entidade interestatal que, retocada pela Conferência de Ialta, do ano seguinte, quanto ao sistema do voto, serviu de base à Carta de São Francisco. Cogitou, inclusive, dos órgãos principais da nova entidade, uma Assembléia, um Conselho e uma Secretaria. O Brasil teve papel destacado nessa Conferência, quando salientou o valor jurídico dos tratados no plano mundial e defendeu a necessidade do estabelecimento de organismos regionais no contexto de uma Organização.

Na Conferência de Ialta, na Criméia, de fevereiro de 1945, convocou-se a Conferência das Nações Unidas, em São Francisco, Califórnia, que culminou com a criação da ONU. Estiveram presentes o Presidente Roosevelt, pelos EUA, o primeiro-ministro britânico, Churchill, pelo Reino Unido, e Stalin, como presidente do Conselho dos Comissários do Povo da União Soviética. Traçou as linhas gerais da política de ocupação da Alemanha, debateu a questão das reparações de guerra a serem pagas pela Alemanha, a solução dos problemas da Europa e o sistema de voto a ser adotado pela nova organização. Foi quando surgiram, oficialmente, os primeiros desentendimentos entre a ex-URSS e os EUA, em virtude de suas respectivas áreas de influência na Alemanha, devastadas pela guerra. A Carta da ONU foi assinada em São Francisco, no dia 26 de junho de 1945, após inúmeras dificuldades criadas pela ex-URSS em torno do problema do veto, mas a Organização só começou a funcionar a 24 de outubro de 1945, que até hoje é festejado como o Dia das Nações Unidas. Foi então (em outubro e não em junho), a partir do seu real funcionamento, que se consolidou a personalidade internacional da ONU, com base no princípio de efetividade.

O antecedente remoto da ONU, citado acima, foi a Sociedade das Nações, que surgiu como resultado da Primeira Guerra, da mesma forma como as Nações Unidas surgiram como efeito da Segunda. A SDN emanou de um dos catorze princípios do Presidente Wilson, ao Congresso norte-americano, em 1918, precisamente o da criação de uma organização internacional que garantisse a independência dos Estados.

É antecedente remoto, enquanto encarado em termos de momento de criação, no caso, no ano de 1919, pois a SDN não teve uma data certa de desaparecimento, quando foi substituída pela ONU, em 1945. De direito, funcionou até 1946, quando realizou sua 21ª e última sessão, em Genebra, onde tinha sua sede, no Palácio das Nações. Este até hoje abriga certos organismos especializados da ONU e serve de centro de realização de congressos de conferências internacionais. As contas da SDN, entretanto, só foram encerradas pela comissão de liquidação encarregada, em 1947. De fato, pode-se, porém, afirmar, que ela deixou de funcionar com a declaração do II Conflito Mundial, por ter-se demonstrado inoperante e incapaz de evitá-lo.

Semelhantes são os objetivos de ambas as Entidades, que podem ser sintetizados em termos de paz e segurança internacionais. Semelhante, também, sua composição, contando, ambas, com membros originários e admitidos, embora a SDN tivesse tido, ainda, uma terceira categoria de membros, a dos convidados, i. e., os que haviam permanecido neutros durante a Primeira Guerra Mundial.

Organicamente, há também semelhança, a despeito de que a SDN tivesse, apenas, três órgãos principais e a ONU, seis. Os três da SDN eram a Assembléia, o Conselho e a Secretaria que equivalem, na ONU, à Assembléia Geral, ao Conselho de Segurança e ao Secretariado. Mas a SDN ainda contava, como órgãos secundários, de uma organização econômica e financeira (que equivale ao Conselho Econômico e Social da ONU), de uma Comissão Permanente de Mandato (equivalente ao Conselho de Tutela da ONU) e de uma Corte Permanente de Justiça Internacional (que equivale, na ONU, à CIJ).

Afirma-se que um dos principais motivos do fracasso da SDN foi a ausência de sanções militares. A ONU conta com esse tipo de sanção, por intermédio de seu Conselho de Segurança. Para outros, verdadeira razão foi a ausência dos EUA, pois o Congresso norte-americano não chegou a firmar o Tratado de Versalhes. Além disso, Alemanha só ingressou em 1926 (ano em que se retirou o Brasil) e a ex-URSS, apenas em 1934.

Ambas as entidades refletem, todavia, um poderio estatal. Ao tempo da SDN, integravam seu Conselho, como membros permanentes, a Alemanha, Itália e o Japão, entre outros. Ora, o Conselho era o órgão executivo da entidade, competente para a exclusão de membros e planos de desarmamento. Já na ONU, os Estados poderosos são, principalmente, os EUA e a Rússia, razão por que integram, também como membros permanentes, o seu Conselho Segurança.

A Assembléia, na SDN, como ocorre na ONU, reunia todos os membros, tinha sessões ordinárias e extraordinárias, e era competente para a admissão de novos membros, aprovação do orçamento etc. Mas haviam duas diferenças fundamentais. A primeira, a de que o direito de veto existia, na SDN, tanto na Assembléia como no Conselho, como regra geral (salvo exceções expressamente previstas), para a decisão dos problemas da Entidade. Esta circunstância (regra da unanimidade) também foi decisiva quanto ao enfraquecimento da

SDN. A segunda diferença é que, ao contrário do que ocorre na ONU, admitia a SDN a retirada voluntária de seus membros. Tal retirada se verificava, principalmente, se o Estado, em dia com todas as suas obrigações, tivesse dado ciência, dois anos antes de sua intenção, em virtude de não haver sido atendida sua pretensão de ser membro permanente do Conselho da sociedade. Esta outra circunstância (direito de retirada) também contribuiu para o enfraquecimento da SDN.

2. Natureza Jurídica

Para Celso de Albuquerque Mello, a verdadeira natureza jurídica da ONU é a de uma organização internacional intergovernamental. Enfatiza, dessa maneira, o papel do governo como elemento essencial dos Estados, e a atitude destes, entidades soberanas, no contexto organizacional da Entidade. Para Verdross, ela seria uma confederação mundial. Para Quadri, um núcleo de federação. E para Virally, uma autêntica federação, com um poder executivo (Conselho de Segurança), um poder legislativo (Assembléia Geral) e um poder judiciário (CIJ).

A ONU possui, em plenitude, aqueles três *jura* básicos presentes no critério internacional dos Estados: o jus *Tractuum*, o *jus Legationis* e o *Jus Belli*. O primeiro (direito de concluir tratados) compreende a negociação, assinatura, ratificação etc. de atos internacionais. Alguns dispositivos da Carta deixam bem claro esse detalhe. É o que ocorre com o art. 43, em que todos os membros, a fim de contribuir para a manutenção da paz e da segurança internacionais, proporcionarão, ao Conselho de Segurança, toda a assistência possível, com base em acordos (tratados) especiais, com os arts. 52, 53 e 54, que possibilitam a criação e utilização de acordos intergovernamentais (FAO, UNESCO, OACI etc.) e com o art. 63, que cogita de acordos entre o Conselho Econômico e Social e tais entidades especializadas.

O segundo (direito de legação), como ocorre com os Estados, pode ser ativo e passivo. Ativo, por meio de seus agentes (permanentes) e observadores (não-permanentes), nos Estados. Passivo, pois a ONU recebe representantes diplomáticos de todos os Estados-Membros.

Como as Organizações Internacionais não têm soberania territorial, a exemplo dos Estados, a ONU garante privilégios e imunidades, mediante acordos especiais com os Estados que enviam seus representantes. Os Estados não-Membros designam observadores, como ocorre com a Coréia do Sul, Mônaco, Vaticano e Suíça. Estes não têm privilégios e imunidades. O art. 104 da Carta das Nações Unidas dispõe que a organização gozará, no território dos Estados-membros, da capacidade jurídica necessária ao exercício de suas funções e à consecução de seus fins (paz e segurança internacionais, relações amistosas, cooperação internacional etc.). No território de cada um de seus membros, ela gozará dos privilégios e imunidades necessários à realização desses mesmos propósitos (art. 105, 1). Os representantes dos Estados-membros e os funcionários da organização também gozarão dos privilégios e imunidades necessários ao exercício independente de suas funções (art. 105, 1). A Assembléia Geral, em 1946, com base no art. 105, 3, da Carta, aprovou uma Convenção sobre Privilégios e Imunidades da ONU, aplicável somente aos Estados-Membros, que consagrou, *inter alia*, princípios como capacidade jurídica, imunidade de jurisdição e inviolabilidade.

Os altos funcionários da ONU (Secretário Geral, Secretários Adjuntos etc.) também gozam de privilégios e imunidades, tais como: imunidade de jurisdição quanto aos atos vinculados a suas funções oficiais; isenção de impostos sobre os salários recebidos; isenção de prestação de serviços; facilidades de câmbio, facilidade de repatriamento; e direito de importar, livre de direitos, móveis e bens de uso pessoal, quando da primeira instalação no país interessado. Suas mulheres e dependentes não estão sujeitos a restrições imigratórias, nem a registro de estrangeiros, e também gozarão de facilidades de repatriamento em hipóteses de crises internacionais. Quanto aos técnicos a serviço das Nações Unidas, sem o caráter de funcionários internacionais, gozam das seguintes prerrogativas: imunidade de prisão pessoal ou de detenção e apreensão de suas bagagens pessoais; imunidade de ação legal quanto aos atos funcionais; inviolabilidade documental; inviolabilidade de correspondência; facilidades de câmbio; e isenção de impostos alfandegários quanto às suas bagagens pessoais.

O terceiro e último dos direitos é o de fazer a guerra, não por meio da vontade individual dos Estados-Membros, mas da ação coletiva da Organização, por seu Conselho de Segurança. Após o advento da ONU, a guerra deixou de ser um direito dos Estados para ser um direito da Organização, como um todo. Aos Estados cabe, apenas, o direito de legítima defesa (Carta de São Francisco, art. 51). A ONU não dispõe, entretanto, de uma força permanente, mas apenas de forças *ad hoc*, específicas como ocorreu com relação às crises da Coréia, Congo e Oriente Médio.

3. Princípios e Fins

Os propósitos (fins) das Nações Unidas, nos termos do art. 1º da Carta, são, em síntese, a manutenção da paz e da segurança internacionais; o desenvolvimento de relações amistosas entre os Estados e uma ampla cooperação internacional, devendo a ONU ser um centro (mas não necessariamente "o" centro) destinado a harmonizar a ação dos Estados para a consecução desses objetivos comuns (art. 1º, 4).

Para manter a paz e a segurança internacionais (art. 1º, 1), poderá a ONU tomar, coletivamente, medidas efetivas quanto a ameaças à paz, ruptura da paz e atos de agressão, chegando, por meio da justiça e do Direito Internacional, a uma solução pacífica das controvérsias. O desenvolvimento das relações amistosas entre os Estados (art. 1º, 2) deverá ter por base o princípio de igualdade de direitos e a autodeterminação dos povos (e não dos governos, observa Verdross).

A cooperação internacional (art. 1º, 3) visará a duas finalidades precípuas. Uma, a solução dos problemas internacionais de caráter econômico, social, cultural e humanitário. Outra, a promoção e o estímulo do respeito aos direitos humanos e às liberdades fundamentais, para todos, sem distinção de raça, sexo, língua ou religião. A cooperação internacional e a manutenção da paz e segurança internacionais estão entre as mais importantes funções e atribuições das Nações Unidas, adverte Accioly.

Os princípios, conforme o art. 2º da Carta, são, em síntese, os seguintes: igualdade dos Estados, boa-fé, meios pacíficos para a solução das controvérsias, proibição da guerra de conquista, assistência e não-intervenção. A igualdade de que a Carta cogita é (art. 2º, 1), obviamente, a igualdade jurídica — e não econômica, política ou social — devendo todos os Estados, em seu seio, gozar dos mesmos direitos e deveres. Este princípio, todavia, não se efetiva plenamente dentro da ONU. Se na Assembléia Geral cada Estado (seja qual for) tem direito a apenas um voto, no Conselho de Segurança, apenas os cinco membros permanentes (o *Big Five)* detêm o odioso direito de veto. Logo, mesmo a igualdade jurídica não é plena, a que se alia a ação negativa do "veto invisível" dos Cinco Grandes na própria Assembléia.

O princípio da boa-fé, imposto aos Estados-Membros, encontra-se vinculado às obrigações por eles assumidas em razão da Carta (art. 2º, 2). Ensina o Direito Internacional que todo tratado em vigor obriga as partes e deve ser cumprido por elas de boa-fé (Convenção de Viena sobre o Direito dos Tratados, art. 26). De acordo com essa Convenção, o Estado-Parte é o que consentiu em se obrigar por um tratado e em relação da qual este esteja em vigor (art. 1º, *g*). Como se justificar, pois, a atitude da ONU em exigir que Estados não-membros ajam de acordo com todos os princípios por ela admitidos em sua Carta, se eles não a assinaram e ratificaram? E o que consta, porém, em seu art. 2º, 6. Kelsen considera esse dispositivo (art. 2º, 6) de natureza transcendental, pois tende a levar a ONU à universalidade, justificando sua admissibilidade, pois trata, exclusivamente, do que for necessário à manutenção da paz e da segurança internacionais. Mesmo aí, como o dispositivo fere a soberania dos Estados, a atitude dos Estados não-membros só seria juridicamente válida, se partisse de uma livre deliberação deles próprios, mas não de uma imposição da Organização.

O art. 35, 2, da Carta, aliás, prevê a hipótese de um Estado não-membro solicitar a atenção da Assembléia Geral ou do Conselho de Segurança, para controvérsia em que seja parte, desde que aceite, previamente, as obrigações de soluções pacíficas previstas na Carta. São os meios pacíficos de solucção de controvérsias, a que estão obrigados todos os membros (art. 2º, 3), tais como a negociação, inquérito, mediação, conciliação, arbitragem, solução judicial e recurso a entidades ou acordos regionais (art. 33).

A Carta proibiu a guerra de conquista (art. 2º, 4) quando afirmou que "todos os membros deverão evitar, em suas relações internacionais, a ameaça ou o uso da força contra a integridade territorial ou a independência política de qualquer Estado ou qualquer outra ação incompatível com os propósitos das Nações Unidas". O dispositivo é muito amplo, pois exige integral respeito a dois dos elementos essenciais dos Estados, o território ("integridade territorial") e governo ("independência política"), além dé aludir, de modo expresso, a "propósitos" (fins) das Nações Unidas, i. e., manutenção da paz e da segurança internacionais, relações amistosas entre os Estados e cooperação internacional.

Dispõe, paralelamente, a Carta, que todos os membros darão às Nações Unidas toda assistência em qualquer ação a que elas recorrerem, abstendo-se de conceder auxílio a qualquer Estado contra o qual a ONU agiu de modo preventivo ou coercitivo (art. 2, 5). Como se denota, a primeira parte desse dispositivo é positiva (assistência obrigatória), enquanto a segunda é negativa (abstenção de auxílio). É por esse motivo que Estados neutros não devem pertencer à ONU, mesmo porque é obrigação dos Estados-Membros contribuírem, a qualquer momento, com forças armadas, para as medidas militares urgentes da Organização (art. 43). Por isso, cogitou Kelsen de uma neutralidade diferencial ou diferenciada, por meio da qual os Estados neutros deverão se abster da discussão de assuntos de natureza bélica, no seio da entidade. Essa medida convenhamos, é de difícil efetivação, pois um dos principais objetivos da ONU é, precisamente, o de manutençao da paz e da segurança internacionais.

Temos, finalmente, o princípio da não-intervenção, para garantir a autodeterminação dos Estados. Reza o art. 2°, 7, que "nenhum dispositivo da presente Carta autorizará as Nações Unidas a intervirem em assuntos que dependam essencialmente da jurisdição interna de qualquer Estado ou obrigará os membros a submeterem tais assuntos a uma solução nos termos da presente Carta; este princípio, porém, não prejudicará a aplicação das medidas coercitivas constantes do Cap. VII".

Este artigo contém duas partes distintas. A primeira, proíbe a intervenção da ONU em todos os assuntos que dependerem essencialmente da jurisdição doméstica dos Estados, admitindo-a, porém, a segunda, pela Organização, em se tratando de ação relativa a ameaças da paz, ruptura da paz e atos de agressão, isto é, a intervenção pelas Nações Unidas, como um todo, mas nunca por um Estado-Membro, se a hipótese, por sua natureza e amplitude, extravasou a jurisdição de determinado Estado. Quanto ao termo "essencialmente", melhor seria que a Carta o tivesse substituído por "exclusivamente", pois sua utilização acarreta o risco potencial de a ONU intervir em assuntos que escapam à sua real esfera de ação. Sim, pois o "essencial" para um Estado não é, necessariamente, "exclusivo", a exemplo da paz, assunto essencial para qualquer Estado, mas não exclusivo de apenas um Estado.

4. Membros

O art. 3º da Carta trata dos membros da ONU, que são de duas espécies: originários e admitidos. Membros originários são os Estados que, tendo participado da Conferência das Nações Unidas, de 1945, ou tendo assinado previamente a Declaração das Nações Unidas, de 1942, assinaram a Carta de São Francisco e a ratificaram. Tudo, de acordo com o disposto no art. 110 (ratificação conforme respectivos métodos constitucionais, depósito de ratificação junto ao governo dos EUA, obrigatoriedade do depósito de ratificações pelo *big Five* etc.). Membros admitidos (eleitos) são os que ingressaram na Organização depois de sua criação.

5. Admissão, Suspensão e Expulsão

Já sabemos que membros admitidos (eleitos) são os que ingressaram na Entidade posteriormente à Conferência de São Francisco. A admissão encontra-se aberta aos Estados amantes da paz, que aceitarem as obrigações contidas na Carta, aptos e dispostos a cumprir tais obrigações, a juízo da ONU, por decisão da Assembléia Geral e mediante recomendação do Conselho de Segurança (art. 4°).

Conforme a Carta (art. 18, 2), a admissão é considerada uma questão importante, ao lado da suspensão, expulsão e outras ali expressamente consignadas. As decisões da Assembléia Geral em questões importantes são tomadas por maioria de dois terços dos membros presentes e votantes. Logo a admissão dependerá desse quorum, prendendo-se a alusão a membro presentes e votantes ao fato de que alguns podem estar presentes, mas não podem votar, se não estiverem em dia com suas contribuições financeiras. Não basta, porém, a decisão da Assembléia, exigindo-se, também, a recomendação do Conselho de Segurança. Pelos termos do artigo, depreende-se que tal recomendação deve ser anterior a decisão da Assembléia. Existe, entretanto, parecer da CIJ, que afirma que a recomendação desfavorável do Conselho não elide a decisão da Assembléia. Por outras palavras, o Conselho tanto pode opinar favorável, como desfavoravelmente, cabendo a decisão à Assembléia. O normal, contudo, é, o oposto, só se verificando a decisão da Assembléia se a recomendação do Conselho for favorável, tanto que é muito comum os EUA e a Rússia vetarem, no Conselho, a admissão de determinados Estados, o que ocasiona o não-ingresso dos mesmos, na Organização. O motivo geralmente invocado é o de que tais Estados não reúnem todos os elementos exigidos à sua admissão.

Ocorre a suspensão se um Estado-Membro sofrer ação preventiva ou suspensiva por parte do Conselho de Segurança, mediante recomendação deste. A suspensão apenas compreende direitos, nunca deveres. O exercício desses direitos poderá ser restabelecido pelo Conselho, embora a suspensão seja de competência da Assembléia (art. 5°). Se um membro da ONU houver violado persistentemente os princípios contidos na Carta, poderá ser expulso pela Assembléia, mediante recomendação do Conselho de Segurança (art. 6°).

Em 1971, a Albânia propôs a admissão da China Comunista e a expulsão da China Nacionalista. A Assembléia, por motivos políticos, considerou que a questão não era importante, sendo suficiente a maioria simples dos membros presentes se votantes (art. 18, 3). E aprovou, por Resolução, a "admissão" da primeira, com o reconhecimento de seus representantes como os únicos, legítimos, da República da China, na organização.

Conforme o art. 23 da Carta, um dos cinco membros permanentes é a República da China, ao lado dos EUA, Rússia, França e Inglaterra. A Carta diz, apenas, República da China, sem especificar se se trata da República Nacional da China (China Nacionalista, China Insular, China Amarela, não-comunista) ou da República Democrática da China (China Democrática, China Continental, China Vermelha, comunista). E nem poderia ter feito qualquer especificação, pois, em 1945, quando a ONU surgiu, a China era uma só: a República da China. Em 1945, ano da assinatura da Carta, era da China Insular a representação governamental da República da China, na Organização, o que, posteriormente, mudou. A Carta não precisou, pois, ser alterada e, daí em diante, a China Continental através de seu governo, passou a representar a República da China, com a exclusão de Taywan, mas a separação entre as duas Chinas, oficialmente, não ocorreu até hoje, pois cada uma das parte se considera a única e verdadeira China, a despeito de governos e de representações diplomáticas diferentes.

Ao contrário do Pacto da SDN, a Carta da ONU não cogitou da retirada voluntária de um Estado-Membro. Contudo, em 1965, a Indonésia, contrária à eleição da Malásia para o Conselho de Segurança da Entidade, dela se afastou, temporariamente, e depois reingressou, sem que lhe fosse exigida a apresentação de nova candidatura. Isto ocorreu por unanimidade de votos dos membros da Assembléia Geral.

6. Órgãos Principais

Conforme o art. 7° da Carta, a ONU possui seis órgãos principais ou essenciais: uma Assembléia Geral, três Conselhos (Conselho de Segurança, Conselho Econômico e Social e Conselho de Tutela); uma Corte Internacional de Justiça e um Secretariado. Ainda poderão ser estabelecidos órgãos secundários ou subsidiários, considerados de necessidade, pela Organização.

Assembléia Geral

A Carta dispõe sobre a Assembléia Geral em seus artigos 9° a 22, onde analisa sua composição, funções e atribuições, votação e processos. A Assembléia Geral se compõe de todos os membros das Nações Unidas, tanto originários, como admitidos, não podendo, cada um, ter mais de cinco representantes no órgão (art. 9°), tendo cada membro direito a apenas um voto (art. 18, 1). A Assembléia Geral é um grande *forum* internacional, pois é o órgão central da Organização. Não tem, contudo, caráter permanente, reunindo-se em sessões anuais regulares e em sessões especiais, exigidas pelas circunstâncias (art. 20), elegendo um presidente para cada sessão (art. 21).

Conforme seu Regulamento Interno, a Assembléia Geral se reúne anualmente, em caráter ordinário, na terceira terça-feira do mês de setembro (art. 1°). As sessões extraordinárias ou especiais, são convocadas pelo Secretário Geral, a pedido do Conselho de Segurança, ou da maioria dos membros da Organização (art. 20, *in fine*). Elas se realizam num prazo de até 15 dias de sua convocação ou num prazo de apenas 24 horas, sendo chamadas, nesta última hipótese, de sessões extraordinárias de urgência ou de emergência (Regimento Interno da Assembléia Geral, art. 8°).

A Assembléia Geral possui sete grandes Comissões, que podem-se dividir em subcomissões (Regulamento Interno, arts. 101 e 104). Tais Comissões são as seguintes:

Primeira Comissão, sobre questões políticas e de segurança, inclusive a regulamentação de armamentos; Comissão Política Especial, que complementa os trabalhos da primeira; Segunda Comissão: questões econômicas e financeiras; Terceira Comissão: questões sociais, humanitárias e culturais; Quarta Comissão: questões de tutela e territórios dependentes; Quinta Comissão:

questões administrativas e orçamentárias; Sexta Comissão: questões jurídicas.

As principais funções e atribuições da Assembléia são:

a) discutir todas as questões ou assuntos de acordo com as finalidades da Carta ou relacionados com as atribuições e funções de quaisquer dos órgãos nela previstos (art. 10). Enquanto, porém, estiver o Conselho de Segurança exercendo, em relação a qualquer controvérsia ou situação, as funções que lhe foram atribuídas na Carta, nenhuma recomendação poderá fazer a Assembléia sobre o assunto, a não ser com base em solicitação do próprio Conselho de Segurança (art. 12). Esta disposição ensejou as Resoluções da Assembléia Geral sobre "União para a Manutenção da Paz" de 1950, conhecidas como Resoluções "Unidos para a Paz", em que a Assembléia é competente para examinar questões ligadas a ameaças à paz, ruptura da paz ou atos de agressão, na impossibilidade de o Conselho de Segurança o fazer. A Assembléia se reunirá, então, em sessão extraordinária de urgência, dentro de 24 horas a partir da solicitação, a qual será convocada pelo próprio Conselho de Segurança, por meio do voto afirmativo de nove de quaisquer de seus membros ou pela maioria dos membros da Organização. É um modo de se contornar o efeito negativo do veto do Conselho de Segurança e foi aplicado, v. g., durante as crises do Oriente Médio de 1956 e de 1967;

b) debater e recomendar sobre desarmamento e regulamentação de armamentos (art. 11);

c) fazer recomendações sobre princípios gerais de cooperação na manutenção da paz e da segurança internacionais (art. 11);

d) fazer estudos e recomendações destinados a promover a cooperação internacional nos terrenos político, econômico, social, cultural, educacional e sanitário (art. 13);

e) incentivar o desenvolvimento progressivo do Direito Internacional e a sua codificação (art. 13, a), razão por que constituiu a Comissão de Direito Internacional (CDI), com sede em Genebra, que, legislou sobre Direito do Mar, Direito dos Tratados e Direito Diplomático;

f) favorecer o pleno gozo dos direitos humanos e das liberdades fundamentais, por parte de todos o povos, sem distinção de raça, língua ou religião. Daí emanaram os princípios constantes da Declaração Universal dos Direitos do Homem, de 1948, a qual foi complementada pelos Pactos das Nações Unidas, de 1967;

g) fazer recomendações para a solução pacífica de qualquer controvérsia internacional, independente de sua origem, que lhe pareça prejudicial ao bem-estar geral ou às relações amistosas entre os Estados (art. 14);

h) receber e examinar relatórios de todos os órgãos das Nações Unidas (art. 15);

i) aprovar acordos de tutela (art. 16);

j) votar e provar o orçamento da Organização (art. 17, 1);

l) eleger os membros não-permanentes do Conselho de Segurança, os membros do Conselho Econômico e Social e os do Conselho de Tutela (arts. 23; 61, 1; e 86, 1, *c);*

m) coordenar as atividades das entidades especializadas, v. g., OIT, FAO, UNESCO e OMS (art. 60);

n) solicitar pareceres consultivos da CIJ sobre questões de ordem jurídica e autorizar outros órgãos da. Nações Unidas, inclusive as entidades especializadas, a fazê-lo (art. 96).

Quanto ao problema do voto na Assembléia Geral, cada membro terá apenas um voto (art. 18, 1). As decisões serão tomadas em questões importantes, enumeradas pela Carta, e em outras questões, que a Carta não enumera. Nas questões importantes deverá haver maioria de dois terços dos membros presentes e votantes. Compreendem recomendações relativas à manutenção da paz e da segurança internacionais: a eleição dos membros não-permanentes do Conselho de Segurança; a eleição dos membros do Conselho Econômico e Social; a eleição dos membros do Conselho de Tutela, de acordo com o § 1°, c, do art. 86; a admissão de novos membros das Nações Unidas; a suspensão dos direitos e privilégios dos membros; questões referentes ao funcionamento do sistema de tutela e questões orçamentárias (art. 18, 2). As questões não importantes, serão tomadas por maioria dos membros presentes e que votem (art. 18, 3), ou seja, por maioria simples, onde se computa a superioridade de votos sobre os votantes em contrário.

Conselho de Segurança

A Carta dispõe sobre o Conselho de Segurança nos arts. 23 a 32, onde analisa sua composição, funções e atribuições, votação e processo. Além disso, dele diretamente cogita nos arts. 33 a 38 (Cap. VI: Solução Pacífica de Controvérsias); nos arts. 39 a 51 (Cap. VII: Ação Relativa a Ameaças à Paz, Ruptura da Paz e Atos de Agressão); nos arts. 52 a 54 (Cap. VIII: Acordos Regionais); e nos arts. 75 a 85 (Cap. XII: Sistema Internacional de Tutela).

O Conselho de Segurança é o órgão político-militar da ONU e, em conseqüência, o principal responsável pela manutenção da paz e da segurança internacionais. Compõe-se, atualmente, de quinze membros, sendo cinco permanentes e dez não-permanentes. A ONU discute a ampliação do Conselho de Segurança, de 15, para 24 membros, sendo 5 permanentes (2 da Europa, 1 da América Latina, 1 da Ásia e 1 da África) e 4 não-permanentes (1 da América Latina, 1 do Leste Europeu, 1 da Ásia e 1 da África).

Os permanentes são, hoje, os EUA, a Rússia, a República da China, o Reino Unido e a França. Desde o princípio a ex-URSS era membro permanente, mas, em 1991, a Rússia a substituiu no Grande conselho, como o consentimento tácito dos demais membros permanentes. Os não-permanentes são eleitos pela Assembléia Geral, dentre os membros das Nações Unidas, com base em dois pressupostos: sua contribuição para a efetivação dos propósitos da ONU e uma distribuição geográfica eqüitativa (art. 23, 1). São eleitos por um período de dois anos, não podendo ser reeleitos para o período imediatamente seguinte (art. 23, 2).

Cada membro do Conselho de Segurança tem apenas um representante (art. 23, 3) e um só voto (art. 27, 1). Isto não significa, porém, tenha o voto dos membros não-permanentes o mesmo valor do voto dos membros permanentes. A razão está em que as decisões do Conselho, em questões processuais, são tomadas pelo voto afirmativo de nove quaisquer dos seus membros e pelo voto afirmativo de nove membros, com a necessária inclusão de todos os membros permanentes, nos outros assuntos, i. e., em questões não-processuais (art. 27, 2 e 3). Nesta segunda hipótese, o membro do Conselho que for parte numa controvérsia prevista no Cap. VI da Carta e no § 3º do art. 52, se absterá de votar. Trata-se, respectivamente, de controvérsia que possa constituir ameaça à paz e à segurança internacionais, e de uma controvérsia local, a ser solucionada por acordos ou entidades regionais, subordinadas ao Conselho de Segurança.

A mencionada exigência do voto afirmativo de todos os membros permanentes do Conselho, no tocante às questões não-processuais, importa no reconhecimento implícito do direito de veto. Por meio deste, qualquer membro permanente do Conselho pode-se opor, sem qualquer justificativa, à aprovação de determinadas decisões do órgão, paralisando-o e enfraquecendo a própria organização, como um todo. Daí as Resoluções "Unidos para a Paz", de 1950, que possibilitaram o reexame de tais assuntos pela Assembléia Geral, quando ocorrer veto no Conselho de Segurança, com base no art. 12 da Carta de São Francisco. Do exposto, se conclui que as questões processuais não admitem o veto, não ocorrendo o mesmo com as questões não-processuais, cuja importância, regra geral, é bem maior.

Veto é, pois, o voto negativo de um membro permanente em questões de natureza não-processual, no contexto do Conselho de Segurança. Colide frontalmente com o princípio da igualdade dos Estados, previsto na própria Carta da ONU. Além disso, como adverte Rubens Ferreira de Mello, há o problema do veto duplo, "que resulta da sucessão de dois votos negativos: um, no ato de qualificar se a questão é ou não de natureza processual; e outro, ao decidir a própria questão, quando a mesma tiver aquela natureza". Tal a importância do voto dos membros permanentes do Conselho de Segurança, que são os mesmos exigidos para a efetivação de emendas à Carta da ONU (art. 108) e para a sua revisão (art. 109,2).

O Conselho de Segurança foi organizado de maneira a funcionar continuamente, por meio de reuniões periódicas, tanto dentro como fora da sede da Organização (art. 28). E pode estabelecer os órgãos subsidiários que julgar necessários para o desempenho de suas funções (art. 29). O presidente do Conselho é escolhido entre seus membros, mediante ordem alfabética, em inglês, de seus nomes, exercendo tais funções durante um mês (Regulamento Interno do Conselho, art. 18). Membros da ONU que não são membros do Conselho, a juízo deste, poderão participar, sem direito a voto, de suas reuniões (art. 31). O mesmo poderá ocorrer com um Estado que não seja membro das Nações Unidas (art. 32).

As atribuições específicas do Conselho são as enumeradas nos Caps. VI, VII, VIII e XII da Carta. A mais importante é a de manter a paz e a segurança internacionais (art. 24). Para tal fim, conta com a assistência de uma Comissão de Estado-Maior (art. 26), que o assistirá e o orientará em todas as questões relativas à aplicação das forças armadas e exigências militares (arts. 46 e 47). Além disso, o Conselho convidará as partes em uma controvérsia a resolvê-la por meios pacíficos, que são os previstos no art. 33 da Carta: negociação, inquérito, mediação, conciliação, arbitragem, solução judicial e recursos a entidades ou acordos regionais, entre outros.

Poderá, o Conseiho, investigar sobre quaisquer controvérsias suscetíveis de provocar atritos entre os Estados (art. 34), recomendando procedimentos ou métodos apropriados de solução (art. 36). Determinará, ainda, o Conselho, a existência de qualquer ameaça à paz (aí incluído, a partir de 1992, o terrorismo internacional), ruptura da paz ou ato de agressão, fazendo recomendações a respeito ou tomando medidas efetivas a fim de manter ou restabelecer a paz e a segurança internacionais (art. 39). E apresentando, inclusive, medidas provisórias às partes interessadas (art. 40).

As medidas efetivas aludidas acima envolverão ou não o emprego de forças armadas. Entre estas, temos a interrupção completa ou parcial das relações econômicas, dos meios de comunicação, ferroviários, marítimos, aéreos, postais, telegráficos e radiofônicos, além do rompimento de relações diplomáticas (art. 41). Entre aquelas, temos demonstrações, bloqueios e outras operações por meio de forças aéreas, navais e terrestres (art. 42). Esses atos são de competência exclusiva do Conselho, que representa, no caso, a própria ONU, competindo aos Estados, individualmente, apenas o direito de legítima defesa individual ou coletiva, nos termos do art. 51 da Carta.

Todos os Estados da Organização deverão contribuir, por meio de forças armadas, assistência e facilidades, a fim de que o Conselho possa realizar sua função primacial, que é a de manutenção da paz e da segurança internacionais (arts. 43, 44 e 45). Prevê a Carta da ONU a criação de acordos ou entidades regionais (art. 52), que poderão ser utilizados pelo Conselho para uma ação coercitiva sob sua própria autoridade (art. 53, 1). O

Conselho é também competente para aprovar acordos de tutela referentes às zonas estratégicas e para fiscalizar sua execução (art. 83). Entre outras atribuições, cabe, ainda, ao Conselho, submeter relatórios anuais e especiais à Assembléia Geral (art. 24, 3).

O Conselho de Segurança se ocupou de diversos impasses internacionais, cuja real solução, entretanto, nem sempre foi alcançada, em virtude do exercício do direito de veto. A título de exemplificação, podemos citar as crises da Indonésia, Cachemira, Coréia, Congo, Chipre e Oriente Médio, envolvendo, regra geral, o Secretário Geral da Organização. Merece destaque especial a crise do Oriente Médio, de que também participou a Assembléia Geral (ordinária e extraordinária de emergência), principalmente, quanto aos fatos ocorridos em 1956 e 1967, a que se seguiram a Guerra do Yon Kippur, a Guerra Civil do Líbano e a Revoluçio Islâmica-Iraniana, afora a atuação do Conselho no Conflito Iraque e Kuwait (Guerra do Golfo), enquanto na atual Guerra contra o Iraque houve total desrespeito ao Conselho (e à própria ONU), por parte dos EUA.

Conselho Econômico e Social (CES ou ECOSOC)

A Carta dispõe sobre o Conselho Econômico e Social (CES ou ECOSOC) nos arts. 61 a 72, sendo-lhe aplicável, também, o disposto no seu Cap. IX, sobre Cooperação Econômica e Social Internacional (arts. 55 a 60). Os membros do ECOSOC são eleitos pela Assembléia Geral. Originariamente eram em número de 18, passando depois a 27 e a 54. São eles eleitos, anualmente, para um período de três anos, podendo, ao terminar esse prazo, ser reeleitos para o período seguinte. Cada membro terá, nele, apenas um representante (art. 61) e somente um voto, sendo suas decisões tomadas por maioria simples (art. 67).

Pode o ECOSOC criar comissões especiais para assuntos econômicos e sociais e a proteção dos direitos humanos, além de outras comissões (art. 68). É assim que, para o fiel desempenho de suas funções, ele possui quatro grandes Comissões Econômicas Regionais para a África (CEPA), Europa (CEPE), Ásia e Extremo Oriente (CEPAEO) e América Latina (CEPAL). E para a proteção dos direitos da pessoa humana, a Comissão de Direitos Humanos, esta, recentemente transformada em Conselho de Direitos Humanos.

Além disso, todos os organismos especializados daí ONU (FAO, UNESCO, OIT) se encontram vinculados diretamente no ECOSOC, e, por meio deste, à Assembléia Geral da Entidade. Entre suas funções e atribuições, temos a realização de estudos e relatórios a respeito de assuntos internacionais de caráter econômico, social, cultural, educacional, sanitário e conexos, podendo, sobre eles, fazer recomendações à Assembléia Geral, aos membros das Nações Unidas e às entidades especializadas interessadas (art. 62, 1). Também poderá fazer recomendações para promover o respeito e a observância dos direitos e das liberdades fundamentais da pessoa humana (art. 62, 2) preparar projetos de convenções sobre assuntos de sua competência (art. 62, 4) e estabelecer acordos com as entidades especializadas, coordenando suas atividades, por meio de consultas e recomendações (art. 63).

Além disso, com base no Cap. IX da Carta (Cooperação Econômica e Social Internacional), compete ao ECOSOC, por intermédio da Assembléia Geral, exercer todas as funções ali estipuladas, com a finalidade de criar condições de estabilidade e bem-estar necessárias às relações pacíficas e amistosas entre todos os Estados, com base no respeito ao princípio de igualdade de direitos e da autodeterminação dos povos (art. 55).

Conselho de Tutela

A Carta dispõe sobre o Conselho de Tutela em seus arts. 86 a 91. São também pertinentes a seu estudo as disposições dos arts. 73 e 74 (territórios sem governo próprio) e dos arts. 75 a 85 (territórios tutelados). Conforme a Carta (art. 86, 1), o Conselho de Tutela tem três tipos de membros:

a) os que administram territórios tutelados;

b) os membros permanentes do Conselho de Segurança que não administram territórios tutelados;

c) os que, eleitos por um período de três anos pela Assembléia Geral, forem necessários para assegurar que o número total dos membros do Conselho fique igualmente dividido entre os membros ONU que administram e os que não administram territórios tutelados.

Cada membro terá direito a um voto, sendo as decisões do Conselho tomadas por maioria simples (art. 89). Nos termos de seu Regulamento, o Conselho escolherá seu presidente, reunindo-se quando necessário (art. 90). Valer-se-á o Conselho, quando julgar conveniente, da colaboração do ECOSOC, das Entidades Especializadas

das Nações Unidas, sobre assuntos de seu interesse (art. 91).

A composição do Conselho descrita acima, perdeu, hoje, sua razão de ser. A ONU recebeu da SDN onze territórios sob o regime de mandato que, na nova Organização, receberam o nome de territórios tutelados. Pouco a pouco, eles foram se tornando independentes. Em 1969, Nauru, uma ilha de coral do Pacífico, de altíssima renda *per capita*, se desvinculou do domínio britânico e ingressou na ONU. Restaram, apenas, dois territórios tutelados, Nova Guiné, subordinada à Austrália, e as Ilhas do Pacífico (Micronésia), aos EUA. Em 1976, a primeira tornou-se independente sob o nome de Papua-Nova Guiné, sendo as Ilhas do Pacífico consideradas zonas estratégicas, nos termos do art. 82 e seguintes da Carta, ficando, pois, diretamente subordinadas às Nações Unidas, como um todo. Eis por que o disposto no art. 86 deixou de ser exeqüível.

Nos termos da Carta (art. 87), as atribuições do Conselho de Tutela são as de examinar os relatórios apresentados pela autoridade administradora dos territórios tutelados; aceitar e examinar petições em consulta com a autoridade administradora; providenciar sobre visitas periódicas aos territórios tutelados de acordo com a mesma autoridade; a formular questionários sobre o adiantamento político, econômico, social e educacional dos habitantes de cada território tutelado. A autoridade administradora, com base nesse questionário, fará um relatório anual à Assembléia (art. 88). Todas essas e outras medidas serão tomadas pelo Conselho nos termos de acordos de tutela, que designarão a autoridade administradora acima referida. Esta, como o nome está a indicar, exercerá a administração desses territórios, podendo ser apenas um Estado, um grupo de Estados ou a própria Organização (art. 81).

Os objetivos básicos do Sistema de Tutela, previstos no art. 76 da Carta (paz e segurança internacionais; progresso político, econômico, social e educacional; respeito aos direitos humanos etc.), serão aplicáveis aos habitantes das zonas estratégicas (art. 83, 2), como é o caso atual da Micronésia. Observa Accioly que, com o esvaziamento do Conselho de Tutela, as atenções da ONU se voltaram para o problema da colonização, por meio do Comitê Especial para a Implementação da Declaração sobre a Concessão da Independência a Países e Povos Coloniais. É que a Carta, em seu Cap. XI (arts. 73 e 74), trata dos territórios sem governo próprio e a grande preocupação atual da Organização é a emancipação desses territórios, ainda subordinados a alguns Estados-Membros. A obrigação destes, pela Carta, é assegurar o bem-estar dos habitantes desses territórios, mas a ONU pretende mais, i. e., a sua independência, a exemplo do que já ocorreu com as províncias ultramarinas de Portugal.

Corte Internacional de Justiça (CIJ)

A Corte Internacional de Justiça (CIJ) ocupa, na ONU, o mesmo papel que, na SDN, tinha a Corte Permanente de Justiça Internacional (CPJI). A Carta da ONU dispõe sobre a CIJ em apenas cinco artigos (92 a 96), complementados pelos setenta artigos de seu Estatuto, anexo à Carta. A CIJ conta, ainda, com seu Regulamento Interno, que tem 85 artigos, distribuídos por três títulos (constituição e funcionamento; processo em matéria contenciosa; e pareceres consultivos). A CIJ é o principal órgão judiciário da ONU (Carta, art. 92, e Estatuto, art. 1°). Se é o principal, não é o único, podendo as Nações Unidas confiar a solução de divergências a outros tribunais, em virtude de acordos passados ou futuros (art. 95). Entram aí os Tribunais Arbitrais.

O árbitro é um autêntico juiz, motivo pelo qual suas sentenças devem ser respeitadas. A questão litigiosa é, sempre, submetida à arbitragem por meio de um instrumento denominado compromisso. Dele deverão constar o objeto do litígio, a designação e poderes dos árbitros e a declaração formal das partes interessadas de acatarem, de boa-fé, o laudo arbitral. As Convenções de Haia, de 1899 e 1907, fixaram regras quanto ao processo arbitral, onde figuram o direito que têm as partes de nomear delegados e a designação de assessores para a defesa de seus interesses, além de processos sumários a serem utilizados em casos de menor gravidade. A primeira dessas Convenções criou e a segunda confirmou uma Corte Permanente de Arbitragem, para dirimir conflitos internacionais, cuja jurisdição, entretanto, não é obrigatória.

Todos os membros da ONU são, também, membros da CIJ, mas há membros da CIJ que não são membros da ONU, como ocerre com a Suíça, tendo em vista sua neutralidade. É que a CIJ é órgáo judicial e nada impede a um Estado neutro pertencer a ela. Ser membro da ONU, entretanto, significa ter sido admitido pela Assembléia Geral da Organização, que é um órgão de natureza política. Um Estado que não for membro da ONU pode, pois, tornar-se parte do Estatuto da CIJ, em condições determinadas pela Assembléia, mediante recomendação do Conselho de Segurança (art. 93).

A Corte será composta de um corpo de juízes independentes, eleitos sem atenção à sua nacionalidade, dentre pessoas que gozem alta consideração moral e que possuam condições exigidas, em seus respectivos Estados, para o desempenho da função ou que sejam jurisconsultos de reconhecida competência em Direito Internacional (Estatuto, art. 2°). Será composta de quinze membros, não podendo figurar, entre eles, dois nacionais do mesmo Estado (Estatuto, art. 3°, 1), eleitos pela Assembléia Geral e pelo Conselho de Segurança, numa lista de pessoas apresentadas pela Corte Permanente de Arbitragem, ou, nela não havendo representação dos membros da ONU, por grupos nacionais designados para esse fim pelos seus governos (Estatuto, art. 4°).

A Assembléia e o Conselho procederão à eleição dos membros da Corte, independentemente um do outro (Estatuto, art. 8°), sendo a eleição pelo período de nove anos, com a possibilidade de reeleição (Estatuto, art. 13, 1). Todos eles gozarão dos privilégios e imunidades necessários ao livre exercício de suas atribuições (Estatuto, arts. 19 e 42, 3). A CIJ é o único órgão da ONU que não funciona na sede da Organização, em Nova Iorque, e sim, na Haia, o que não impede que se reúna e exerça suas funções em outros lugares. Seu presidente e escrivão, entretanto, residirão na sede da Corte. Ela funcionará permanentemente, exceto durante as férias judiciárias, por ela mesma fixadas, tanto mediante sessões plenárias, como por meio de Câmaras (Estatuto, arts. 22, 23, 25 e 26).

Reza o Estatuto da CIJ que só os Estados poderão ser partes em questões perante a Corte (art. 34, 1). Assim, em *rationae materiae, a* competência da Corte se estende a quaisquer questões que as partes lhe submetam. Sua competência *ratione personae* só abrange os Estados. Desta forma, como adverte Accioly, se particulares (indivíduos) pretenderem fazer valer seus direitos perante ela, é preciso que Estados, por intermédio de seus respectivos governos, apresentem as competentes reclamações. O Estatuto não fala na possibilidade de uma organização internacional recorrer judicialmente à CIJ, o que já foi, entretanto, reconhecido pela própria Corte, com relação à ONU, em 1949. A Corte estará aberta principalmente aos Estados-Partes no Estatuto, mas, também, a outros Estados, conforme determinaçao específica do Conselho de Segurança, inclusive, a Estados que não sejam membros das Nações Unidas, se forem parte numa questão (art. 35).

Como dito acima, a competência da Corte abrange todas as questões que as partes lhe submetam, além dos assuntos especificamente previstos na Carta da ONU ou em tratados e convenções em vigor. A Corte tem uma jurisdição contenciosa e uma jurisdição consultiva. Em termos de jurisdição contenciosa, os Estados-Partes no Estatuto podem, a qualquer momento, declarar que a reconhecem como obrigatória, *ipso facto* e sem acordo especial, em relação a qualquer outro Estado que aceite a mesma obrigação. Isto ocorre com relação a controvérsias de ordem jurídica, que tenham por objeto a interpretação de um tratado; qualquer ponto no Direito Internacional; a existência de um fato que, se verificado, constitua violação de um compromisso internacional; e a natureza ou a extensão da reparação pela ruptura de um compromisso internacional.

As declarações acima referidas, por parte dos Estados, podem ser feitas pura e simplesmente, i. e., sem condições ou sob condição de reciprocidade por parte de vários ou de certos Estados, ou por prazo determinado, mediante o depósito dos mesmos junto ao Secretário Geral da ONU (Estatuto, art. 36, 3 e 4).

A CIJ aplicará, como fontes principais, nas controvérsias que lhe forem submetidas, as convenções internacionais (gerais ou especiais) que estabeleçam regras expressamente reconhecidas pelos Estados litigantes; o costume internacional, como prova de uma prática geral aceita como sendo o direito; e os princípios gerais do Direito, reconhecidos pelas nações civilizadas. E como fontes secundárias, a jurisprudênca e a doutrina, sob ressalva, de que a decisão da Corte só será obrigatória para as partes litigantes e a respeito do caso em questão. É possível, entretanto, o julgamento *ex aequo et bono*, i. e., o que tem por base a mera eqüidade, se as partes com isto concordarem.

A ONU admite cinco idiomas oficiais, mas apenas dois são utilizados pela CIJ, o francês e o inglês, embora, a pedido de uma parte interessada, possa a Corte autorizá-la a utilizar um outro idioma. O processo constará de duas fases, uma escrita e outra oral. As audiências, em princípio serão públicas. A Corte poderá proceder a inquéritos ou perícias. Todas as questões serão decididas por maioria dos juízes presentes. A sentença deverá declarar as razões em que se funda (Estatuto, arts. 39, 43, 46, 50, 55, 1, e 56).

Dispõe o art. 94 da Carta da ONU que cada membro se compromete a se conformar com a decisão da CIJ em qualquer caso em que for parte. Se uma das partes não cumprir suas obrigações impostas pela sentença, a outra terá o direito de procurar o Conselho de Segurança, que poderá fazer recomendações ou impor medidas para o cumprimento da sentença. Isto significa, em primeiro lugar, que a sentença da Corte é definitiva e irrecorrível, mas, em caso de controvérsia quanto ao seu sentido e alcance, caberá à própria Corte interpretá-la, se suscitada por qualquer das partes (Estatuto, art. 60). Admite-se, também, o pedido de revisão de uma sentença, na hipótese do descobrimento de algum fato novo. Tal pedido deverá ser feito no prazo máximo de seis meses, a partir do descobrimento desse fato, sendo que nenhum pedido de revisão será admitido após dez anos da data da sentença (Estatuto, art. 61). Em segundo lugar, o "recurso" ao Conselho de Segurança mencionado no art. 94 da Carta da ONU, não deve ser entendido como recurso no sentido técnico-jurídico da palavra, pois a medida caberia à parte vencedora e não à parte vencida. Além disso, o Conselho de Segurança é órgão de natureza político-militar e não um órgão judicial.

A CIJ também possui uma função de natureza consultiva. A Assemblélia Geral, o Conselho de Segurança, outros órgãos principais das Nações Unidas e as Entidades Especializadas, autorizadas pela Assembléia, poderão solicitar tais pareceres consultivos da Corte, mas apenas sobre questões jurídicas (Carta, art. 96). Esses pareceres serão submetidos por meio de petições escritas e a Corte os concederá em sessão pública, após notificação ao Secretário Geral da entidade, aos representantes dos membros das Nações Unidas, de outros Estados e das organizações diretamente interessadas (Estatuto, arts. 65 e 67).

A CIJ substituiu, na ONU, a Corte Permanente de Justiça Internacional (CPJI), da antiga SDN, criada pelo art. 14 do Pacto e que também tinha uma dupla jurisdição, contenciosa (julgamentos) e consultiva (pareceres). Seu Estatuto dispunha de uma cláusula facultativa, em razão da qual sua jurisdição se tornava obrigatória, o que não se verificou no Estatuto da CIJ. Este, porém, em seu art. 36, 2, sanou tal lacuna, ao dispor que os Estados poderão declarar que reconhecem como obrigatória sua jurisdição, nas condições já anteriormente citadas. A CPJJ, na antiga SDN, funcionava como instância superior de revisão para sentenças arbitrais, o que não ocorre com a CIJ. Os tribunais arbitrais por ela admitidos, em seu Estatuto, têm a mesma competência que ela tem, para a solução de divergências internacionais, não funcionando ela, em caso algum, como instância superior de revisão ou de recurso.

Inúmeros foram os problemas internacionais solucionados pela CIJ desde 1946 até hoje, tanto em termos contenciosos (julgamentos), como em termos consultivos (pareceres). A título de exemplificação, temos os seguintes: *Julgamentos* — Estreito de Corfu, nos anos quarenta, entre Albânia e Reino Unido; Pescarias, nos anos trinta, entre Reino Unido e Noruega; Haya de La Torre (caso de asilo diplomático, nos anos cinqüenta, entre Colômbia e Peru); Minquiers e Ecrohos (questão de soberania de ilhotas situadas entre o Reino Unido e a França); Plataforma submarina do Mar do Norte, entre a ex-Alemanha Ocidental e a Dinamarca; Jurisdição de pescarias, nos anos setenta, entre a ex-Alemanha Ocidental e Reino Unido contra a Islândia, sobre milhas marítimas de zona de pesca; Teste nucleares (anos setenta, entre Austrália e Nova Zelândia). *Pareceres* — Condições de admissão de um Estado como membro da ONU; Competência da Assembléia Geral para a admissão de um Estado na ONU; Reparação de danos sofridos a serviço da ONU; Status Internacional do Sudoeste da África; e, mais recentemente, a questão do muro entre Israel e Palestina.

Secretariado

A Carta das Nações Unidas dispõe sobre o Secretariado em seus arts. 75 a 101. O Órgão Secretariado compreende o Secretário Geral e o pessoal exigido pela Organização. O Secretário Geral é indicado pela Assembléia Geral, mediante recomendação do Conselho de Segurança, sendo o principal funcionário administrativo da ONU (art. 97). O pessoal do Secretariado é nomeado pelo próprio Secretário Geral de acordo com as regras estabelecidas pela Assembléia Geral, visando ao mais auto grau de eficiência, competência e integridade. Além disso, a escolha pessoal deve ser feita dentro do mais amplo critério geográfico possível (art. 101).

O Secretário Geral atuará, em sua qualidade de principal funcionário administrativo da Entidade, em todas as reuniões da Assembléia Geral, do Conselho de Segurança, do Conselho Econômico e Social e do Conselho de Tutela. Também desempenhará outras funções que lhe forem atribuídas por esses órgãos, apresentado à Assembléia um relatório anual sobre os trabalhos da organização (art. 98). A Carta não delimita claramente suas funções, que podem ser efetivas e flutuantes. As primeiras compreendem sua atuação administrativa junto aos órgãos da ONU acima citados. E as segundas, que, na prática, costumam ser mais importantes, ficam na dependência da decisão desses mesmos órgãos. Esse detalhe enfraquece a atividade do Secretário Geral.

Concomitantemente, há o problema da presença de um homem só à frente do Secretariado. A ex-União Soviética cogitou da *troika*, de três secretários gerais, ao invés de um só, sendo um representante do Ocidente, outro do Oriente e outro dos países neutros. A tese, entretanto, foi repudiada, pois importaria no estabelecimento de um novo tipo de veto dentro da ONU, ao lado do já existente no Conselho de Segurança. Além disso, os pretendidos secretários gerais não seriam autoridades civis e sim militares, o que retiraria, por completo, o caráter civil do órgão Secretariado. Não tendo sido aceita a tese *troika*, posterior reforma da Carta das Nações Unidas criou Secretariados Adjuntos e Sub-secretários, o que, de certa forma, mitigou a responsabilidade exclusiva do Secretário Geral, embora este continue a ser o mais importante funcionário administrativo da Organização.

O Secretário Geral e o pessoal do Secretariado são responsáveis exclusivamente perante a Organização. No desempenho de seus deveres, não poderão solicitar nem receber instruções de qualquer governo ou de qualquer autoridade estranha à Entidade. Cada membro das Nações Unidas deverá respeitar o caráter internacional exclusivo de suas atribuições e não exercerá qualquer influência sobre elas, no desempenho de suas funções (art.

100), que são de caráter permanente. Como a ONU não é um super-Estado, o Secretário Geral não pode ser comparado a um super-Chefe de Estado ou de governo, o que, aliás, resultou claro da enunciação de suas funções. Pelo art. 99 da Carta poderá ele, entretanto, exercer importante papel no tocante à manutenção da paz e da segurança internacionais. É que ele tem poderes para chamar a atenção do Conselho de Segurança para qualquer assunto que, em sua opinião, possa ameaçar o equilíbrio interestatal. Isto significa que ele poderá chamar a si próprio a responsabilidade da solução de qualquer conflito internacional, como o fez, aliás, v. g., no Conflito Árabe-Israelense de 1967.

O mandato do Secretário Geral é de cinco anos, podendo ser reconduzido, conforme fixado pela Assembléia Geral, pois a Carta das Nações Unidas é omissa a respeito. O primeiro Secretário Geral da ONU foi Trygve Lie, norueguês, de 01-02-46 a 10-11-52. Não cumpriu integralmente seu mandato, havendo apresentado, em 1952, sua demissão. O Segundo foi Dag Hammarsjold, sueco, de 10-04-53 a 05-09-61, que cumpriu integralmente o primeiro mandato, mas não o segundo, pois morreu misteriosamente num desastre aéreo, quando se dirigia para a Rodésia, numa tentativa de solucionar a crise do Congo. O terceiro, foi o birmanês U Thant, de 1961 a 1971, que cumpriu dois mandatos. Vem, depois, o austríaco Kurt Waldheim, empossado em 1972 e reeleito em 1976. A seguir o peruano Javier Pérez de Cuellar, em 1981, reeleito em 1986. A partir de 1991, o Secretário Geral foi Boutros Boutros Ghali; a partir de 1996, Kofi Annan e atualmente, Ban Ki-Moon. Em 1988, a ONU aprovou Resolução sobre Declaração para a Prevenção e Eliminação de Litígios e Situações que ameacem a Paz Internacional, que valorizou o papel do Secretário Geral, pois estabeleceu que ele deve agir na fase inicial de qualquer litígio, a fim de que não haja ameaça à paz.

Observa-se que a ONU tem resistido ao tempo de forma muito mais intensa do que ocorreu com a SDN, levando em consideração sua própria estrutura, o número de seus membros e a própria temática que a envolve. Mesmo assim, tem ela sido muitas vezes desrespeitada, desrespeito esse, que remete ao próprio Direito Internacional, como é o caso presente da Guerra contra o Iraque, pelos EUA, passando por cima do Conselho de Segurança — certamente movidos por interesses petrolíferos — justificando uma reação (jamais comprovada) de existência de armas nucleares e biológicas. Até mesmo a tese da Legítima Defesa Putativa foi defendida pela nação norte-americana, fato esse que o Direito Internacional repudia.

Se examinarmos seus Órgãos Principais, vemos que a Assembléia Geral efetivamente não detém poderes político-militares, pois a Emenda Unidos para a Paz a subordina ao Conselho de Segurança. Interessante, porém, tem sido seu trabalho normativo contra o Terrorismo (a despeito de não haver, até, hoje, uma Convenção Global sobre a matéria), a exemplo de 1973, 1979, 1980, 1999 e 2005, sobre prevenção e punição de crimes, tomada de reféns, materiais nucleares, supressão de financiamento, etc. no que foi seguida pelo Conselho de Segurança através de diversas Resoluções (1269/99, 1368/2001, 1373/2001 e 1377/2001).

Quanto ao citado Conselho, há muito tempo cogita-se de uma revisão da Carta — o que até hoje não ocorreu — com o aumento de membros permanentes (com ou sem o direito de veto), com a definitiva distinção de questões processuais e questões não-processuais. É que o veto tem sido uma constante, na Organização, paralisando-a, como na Guerra dos Seis Dias. Na Guerra do Golfo houve mais de uma dezena de Resoluções sem-veto, o que é exceção, mas refletiu a força dos EUA no encaminhamento dos problemas naquele órgão (Resoluções 661, 662, 664, 665, 666 e 667), envolvendo retirada de reféns, ajuda alimentar, força mínima e condenação da invasão do Iraque ao Kuwait.

A propalada revisão da Carta importaria, como visto, segundo trabalhos da Organização sobre a matéria, na admissão de dois representantes da Europa, um da África e um da América Latina. Neste, os interessados são o Brasil e a Argentina (sem descartar o México); na África, certamente a África do Sul. Na Ásia, Japão (que a China dificilmente apoiaria) e Índia. E na Europa, Itália e Alemanha. Daí se depreende a eliminação dos artigos 53 e 107 da Carta, sobre nipo-nazi-facismo?

Há, ainda, o problema do art. 51, sobre legítima defesa (que não admite a putativa), mas no tocante à substituição da expressão "ataque-armado" pela expressão "agressão", por ser mais envolvente, seguindo as pegadas do Pacto de Bogotá. É que a invasão propriamente dita (ataque armado) pode conviver com meios subliminares de ameaças (agressão), como é o caso do Terrorismo, que aliás, pode apresentar as duas faces, eliminando, inclusive, a assertiva de que o "ataque" ou a "agressão" provenham exclusivamente de um Estado-Nação. Quantos aos outros Conselhos, temos que o ECOSOC recentemente passou por uma revisão, com o estabelecimento do Conselho de Direitos Humanos. Já o Conselho de Tutela, por seu esvaziamento, deveria ser abolido. Quando à CIJ, creio que o ideal seria se cogitar de uma jurisdição obrigatória, independente de declarações ou de reciprocidade, restando, ao Secretariado, uma reforma que concedesse valorização do papel do Secretário Geral, tornando-o mais independente da Assembléia Geral e do Conselho de Segurança.

A ONU conta, ainda, com Organismos Especializados tipo-FMI (conforme o art. 57 da Carta), de Outros Organismos (não necessariamente vinculados ao citado art. 57), a exemplo da UNCTAD e da AIEA, envolvendo desenvolvimento, comércio e energia atômica, além de diversos Programas, como o PNUD, os quais passarão a ser analisados a seguir, valendo salientar, porém, que, às vezes, certos Organismos Especializados podem trazer medidas positivas ou negativas. Quanto às negativas, lembro, em Janeiro/2007, o financiamento, pelo BIRD, através da CFI, de gado na Amazônia Brasileira, o que conduz a um absurdo desmatamento. Quanto às positivas, cito o Painel Intergovernamental de Mudanças Climáticas (IPCC) das Nações Unidas, também no início de 2007, sobre medidas urgentes que precisam ser tomadas, no mundo — envolvendo, é claro, preferencialmente, os países centrais — a fim de evitar, no País, o comprometimento da Amazônia e do Pantanal, com aumento de temperatura e de chuvas no Sul e de aumento de temperatura e diminuição de chuvas no Norte.

7. Organismos Especializados

Os Organismos Especializados das Nações Unidas, conforme sua própria designação, se ocupam de determinados setores da vida internacional. Alguns foram criados antes da ONU, ao tempo da SDN, que expressamente os previa no art. 24 de seu Pacto (OIT, UIT), sendo posteriormente aglutinados pelas Nações Unidas enquanto outros são mais recentes (FAO, UNESCO). Encontram-se previstos no art. 57 da Carta da ONU, que integra o Cap. IX, que trata da Cooperação Econômica e Social Internacional. Esse dispositivo deixa clara a destinação específica dessas entidades, que atuam nos planos econômico, social, cultural, educacional, sanitário e conexos, o que levou à criação de um autêntico Direito Internacional de Cooperação, no plano interestatal. É que, pelo art. 56 da Carta, todos os membros da ONU se comprometem a agir em cooperação com ela, em conjunto ou separadamente. Deverá a Organização apresentar recomendações para a coordenação dos programas e atividades dessas Entidades especializadas (art. 58), fazendo, inclusive, negociações para a criação de novos organismos desse tipo, quando julgar necessário (art. 59).

A ação da ONU se efetiva, nesse campo, diretamente, por meio do ECOSOC e, indiretamente, por meio da Assembléia Geral (art. 60). No exercício de tais funções, o ECOSOC poderá estabelecer acordos com quaisquer dessas Entidades Especializadas e coordenar seu trabalho (art. 63), obtendo relatórios de suas atividades e comunicando à Assembléia suas observações a respeito das mesmas (art.64). Além disso, poderá o ECOSOC prestar serviços a elas, quando solicitado (art. 66, 2) e permitir que os representantes de tais entidades tomem parte sem voto, em suas deliberações e nas das comissões por ele criadas. Podem, ainda, seus próprios representantes participar das deliberações de referidas entidades (art. 70). No sentido de bem efetivar a cooperação a que se propôs, o ECOSOC criou dois órgãos especiais, o Comitê Administrativo de Cooperação (CAC) e o Comitê de Assistência Técnica (CAT).

Esses Organismos Especializados dispõem, geralmente, de três órgãos principais — Assembléia, Conselho e Secretariado — e gozam de certa autonomia, pois desenvolvem atividades próprias no plano internacional; têm sede própria; possuem membros que não são necessariamente da ONU; possuem estrutura administrativa própria; têm orçamento próprio; e têm personalidade internacional, podendo, inclusive, solicitar pareceres à CIJ, devidamente autorizados pela Assembléia Geral (Carta da ONU, art. 96, 2). Os principais Organismos Epecializados das Nações Unidas são os seguintes:

Organização Internacional do Trabalho (OIT)

A Organização Internacional do Trabalho (OIT ou ILO) foi constituída em 1919, pelo Tratado de Versalhes (Parte XIII). Sua sede é em Genebra. Filiou-se à ONU em 1946, ano em que se reuniu em Montreal (29ª sessão) e em que foi aprovada sua nova Constituição. Sua finalidade é a justiça social, i. e., o bem-estar econômico e social, condições satisfatórias de trabalho e de remuneração, adequadas oportunidades de emprego e padrões de vida condignos. Possui três órgãos, conforme reza o art. II da sua Constituição: a Conferência Internacional do Trabalho, o Conselho de Administração e a Repartição (Bureau) Internacional do Trabalho (BIT).

A Conferência Internacional do Trabalho é o órgão legislativo da OIT, sua Assembléia. Reúne-se anualmente e toda vez que se fizer necessário (art. III). Todos os Estados da Organização pertencem à Conferência, onde cada um se faz representar por quatro delegados, sendo dois governamentais, um dos empregadores e um dos trabalhadores. As decisões da Conferência são apuradas por dois terços dos membros presentes, sob a forma de convenções e recomendações, submetidas à consideração dos governos.

O Conselho da Administração é o órgão executivo da OIT. Têm quarenta e oito membros, sendo vinte e quarto representantes dos governos — dez de grandes potências industriais e quatorze eleitos pelos colégios eleitorais da Conferência — doze representantes dos empregadores e doze dos empregados (art. VII). O Conselho indica o Diretor Geral do BIT (art. VIII), que é o Secretariado da organização, sua sede operacional e seu centro de pesquisas, tudo conforme o art. X da Constituição da OIT. Esses órgãos são assistidos por comitês tripartidos (governo — empregadores — trabalhadores) e por comissões de peritos, que atuam principalmente no plano da formação profissional, sistema de previdência social, desenvolvimento industrial, planejamento de mão-de-obra e cooperativas.

Organização das Nações Unidas para a Educação, Ciência e Cultura (UNESCO)

A Organização das Nações Unidas para a Educação, Ciência e Cultura (UNESCO) começou a funcionar em 1946, mas sua Constituição, assinada em Londres, é de 1945. Sua sede é em Paris. Entre seus objetivos (art. 1), estão o de contribuir para a paz e a segurança internacionais, mediante a colaboração entre os Estados, pela educação, ciência e cultura; assegurar o respeito universal pelo predomínio do Direito, da justiça e dos direitos humanos; incrementar o conhecimento dos povos por meio de acordos internacionais; a expansão da cultura e a difusão do saber. Seus órgãos principais (art. III) são a Conferência Geral, o Conselho Executivo e o Secretariado.

A Conferência Geral é constituída de representantes dos Estados-Membros da organização até o máximo de cinco, por Estado. Ela estabelece a orientação e a linha de conduta geral da Entidade; convoca conferências internacionais governamentais e não-governamentais sobre assuntos de competência da Entidade; aprova o orçamento da Organização; recebe e examina relatórios apresentados pelos Estados-Membros; elege os membros do Conselho Executivo; e nomeia o Diretor Geral da Organização.

Reúne-se, bienalmente, em sessão ordinária, podendo-se reunir extraordinariamente, por decisão própria, por convocação do Conselho Executivo ou por solicitação de, pelo menos, um terço dos Estados-Membros. Cada membro terá um voto na Conferência Geral, sendo suas decisões, em princípio, tomadas por maioria simples, salvo nas hipóteses em que a Constituição do organismo ou o seu Regimento Interno exigirem maioria de dois terços. A Conferência Geral pode criar comitês especiais e técnicos, além de outros organismos subsidiários necessários à consecução de seus objetivos (art. IV).

O Conselho Executivo (art. V) é constituído de trinta membros, eleitos pela Conferência Geral, pelo período de três anos, reunindo-se três ou quatro vezes por ano. Em face de sua natureza executiva, é responsável pela execução do programa adotado pela Conferência e competente para recomendar a esta a admissão de novos membros. O secretariado (art. VI) é constituído de um Diretor Geral e do pessoal necessário. É dirigido pelo Diretor Geral, proposto pelo Conselho e nomeado pela Conferência, por um período de seis anos podendo ser reeleito.

Organização das Nações Unidas para a Alimentação e a Agricultura (FAO)

A Organização das Nações Unidas para a Alimentação e a Agricultura (FAO) teve sua constituição elaborada em 1943, começando funcionar em 1945. Sua sede é em Roma. Conforme o preâmbulo de sua Constituição, tem por finalidade elevar os níveis de nutrição e vida dos povos; melhorar o rendimento da produção e a eficácia da distribuição de todos os alimentos e produtos alimentícios e agrícolas; e melhorar as condições da população rural. Por esse motivo, suas funções (art. I) compreendem o preparo de informações e apreciações sobre produção, repartição circulação e consumo de bens agrícolas e similares; o fornecimento de assistência técnica; e a realização de pesquisas científicas, tecnológicas, sociais e econômicas sobre nutrição, alimentação e agricultura. *A* FAO possui membros propriamente ditos, os fundadores, e membros associados, posteriormente admitidos (art. II). Tem três órgãos principais: a Conferência, o Conselho e o Secretariado, além de comissões, escritórios e grupos de trabalho.

Na Conferência (arts. III e IV), cada Estado-Membro e membro associado se encontra representado por um delegado, sendo que os associados não tem direito de voto. Reúne-se, ordinariamente, uma vez em cada dois anos, podendo reunir-se extraordinariamente. Determina a política e aprova o orçamento da Organização. O Conselho (art. V), como órgão executivo, efetiva o programa da Entidade e tem trinta e quatro Estados-Membros. Cada Estado tem um representante e somente um voto. O Secretariado tem um Diretor Geral, nomeado pela Conferência, por um período de quatro anos. Pode ser nomeado por outros dois anos e depois, ainda, ser renomeado para outro período de dois anos (art. VII). O pessoal da Organização é nomeado pelo Diretor Geral, conforme normas estabelecidas pela Conferência (art. VIII).

A Organização Mundial de Saúde (OMS)

A Organização Mundial de Saúde (OMS ou WHO) teve sua constituição aprovada em 1946 e começou a funcionar em 1948. Sua sede é em Genebra. Seu objetivo é conduzir todos os povos a um nível de saúde mais elevado possível (art. I). Entre suas funções (art. II), temos: erradicar epidemias e endemias; assistência técnica, serviços sanitários; serviços administrativos e técni-

cos; auxílio aos governos; e pesquisas. Também possui membros efetivos e membros associados (Cap. III). Seus órgãos principais (art. IX) são a Assembléia Mundial de saúde, o Conselho Executivo e o Secretariado.
    A Assembléia (Cap. V) compreende todos os Estados-Membros. Cada membro será representado por, no máximo, três delegados. Reúne-se ordinariamente uma vez por ano e extraordinariamente quando necessário. Fixa a política da Organização, nomeia o Diretor Geral, cria comissões, aprova relatórios, estimulando e dirigindo pesquisas no campo da saúde. O Conselho (Cap. VI) é composto de trinta membros e se reúne, pelo menos, duas vezes ao ano. E o órgão que executa as decisões e diretrizes da Assembléia. O Secretariado (Cap. VII) compreende o Diretor Geral e o pessoal técnico e administrativo necessário.
    A OMS possui, ainda, comissões (art. VIII) e escritórios regionais (art. XI). Estes, em Nova Delhi, para o Sudeste da Ásia; em Alexandria, para o Mediterrâneo Oriental; em Manila, para o Pacífico Ocidental; em Washington, para as Américas; em Brazzaville, para a África; e em Copenhagem, para a Europa. Tanto a OMS, como a UIT e a OMM, têm desempenhado importante papel na exploração do espaço exterior.

Organização de Aviação Civil Internacional (OACI)

    A Organização de Aviação Civil Internacional (OACI ou ICAO) foi criada em 1947, após a ratificação de vinte e oito Estados da Convenção sobre Aviação Civil Internacional, assinada em Chicago em 1944. Sua sede é em Montreal, no Canadá. Seu propósito é estudar os problemas da aviação civil internacional e o estabelecimento de normas internacionais sobre a matéria, proporcionando maior segurança de vôo, incrementando o desenvolvimento ordenado da aviação civil, aumentando suas facilidades, evitando o desperdício de recursos econômicos causado por competição desrazoável e a discriminação entre os contratantes (art. XLIV). Seus órgãos principais são a Assembléia, o Conselho e o Secretariado (art. XLIII).

A Assembléia (arts. XLVIII e XLIX) reúne-se, ordinariamente uma vez por ano, podendo se reunir extraordinariamente, por convocação do Conselho ou a pedido de qualquer Estado-Membro, dirigido ao Secretário Geral. Ela estabelece comissões, vota orçamento da Organização, examina os gastos e aprova as contas da Entidade. O Conselho (Cap. IX) é o órgão permanente da Organização composto de vinte e um Estados contratantes, eleitos pela Assembléia, pelo período de três anos. É auxiliado pela Comissão de Navegação Aérea (Cap. X), composta de doze membros, que pode estabelecer subcomissões técnicas. O Secretariado é o órgão burocrático da Organização, compreendendo o Secretário Geral e o pessoal necessário (Cap. XI).

A antecessora da OACI foi a CINA (Comissão Internacional Navegação Aérea), ao tempo da SDN. O domínio aéreo conta, também, com uma organização internacional não-governamental, a IATA (International Air Transport Association), cuja missão é assegurar a cooperação entre as companhias de navegação aérea. Por sua importância, a IATA é considerada uma organização não-governamental.

União Postal Universal (UPU)

A União Postal Universal (UPU) foi estabelecida em 1875, pela Convenção Postal de Berna, aprovada no ano seguinte. É, pois, anterior à própria SDN. Sua sede é em Berna. Em 1945 tornou-se organismo especializado da ONU. Seu propósito é englobar, num só território postal, todos os países-membros, para a troca recíproca de correspondência, a fim de garantir a boa organização e melhoria do vários serviços de Correios, incentivando a colaboração internacional nesse setor. Seus órgãos principais (art. XIII) são o Congresso Postal Universal, as Conferências Administrativas, o Conselho Executivo, a Comissão Consultiva de Estudos Postais, as Comissões Especiais e o "Bureau" Internacional, sendo que o Conselho, a Comissão Consultiva e o "Bureau" são órgãos permanentes.

O Congresso é o órgão supremo da UPU, composto pelos representantes dos Países-Membros (art. XIV). Nada impede a realização de Congressos Extraordinários, a pedido ou com o consentimento de, pelo menos, dois terços dos Estados-Membros (art. XV). As Conferências Administrativas examinam questões de caráter administrativo, a pedido ou com o consentimento de dois terços, pelo menos, das administrações postais dos Países-Membros (art. XVI). O Conselho Executivo assegura a continuidade dos trabalhos da União, inclusive no tocante a litígios, que deverão ser resolvidos por meio de arbitragens (arts. XVII e XXXII). A Comissão Consultiva de Estudos Postais analisa questões técnicas e econômicas de interesse do serviço postal (art. XVIII). As Comissões Especiais estudam questões específicas a pedido de Congressos ou de Conferências Administrativas (art. XIX). O "Bureau" Internacional, dirigido pelo Diretor Geral, é o Secretariado da UPU e serve de órgão de entrosamento informação e consulta para as administrações postais (art. XX).

União Internacional de Telecomunicações (UIT)

A União Internacional de Telecomunicações (UIT ou ITU) foi criada em Paris, em 1865 — antes, também, da SDN — sob a denominação de União Telegráfica Internacional. Em 1934, passou a se chamar União Internacional de Telecomunicações. Em 1947, sofreu nova reorganização, por ocasião da reunião da Atlantic City. Desde 1964, tem-se regido pela Convenção aprovada na Conferência Plenipotenciária de Buenos Aires, realizada em 1952. Sua sede é em Genebra. Seu propósito é estabelecer regulamentos internacionais para serviços radiofônicos, telegráficos e telefônicos, visando a incentivar sua utilização e torná-los acessíveis ao público, às mais baixas tarifas síveis. Seus órgãos principais são a Conferência Plenipotenciária, as Conferências Administrativas, o Conselho Administrativo e os seguintes órgãos permanentes: Secretaria Geral, Comissão Internacional de Registro de Freqüências e Comissões Consultivas Internacionais (de Rádio-Comunicações e Telegráfica e Telefônica).

A Conferência Plenipotenciária é o órgão supremo da UIT composta de delegações que representam os membros e os associados, estabelecendo a política geral da

Organização (art. VI). As Conferências Administrativas (Mundiais e Regionais) são normalmente convocadas para tratar de questões de telecomunicação particulares (art. VII). O Conselho Administrativo compreende vinte e nove membros da União, eleitos pela Conferência de Plenipotenciários e é encarregado da execução dos trabalhos da União, coordenando suas atividades (art. IX). A Secretaria Geral é o órgão burocrático da UIT e é dirigida por um Secretário Geral, assistido por um Vice-Secretário Geral (art. X) e por uma Comissão de Coordenação, que lhe dá pareceres sobre questões de administração, financeiras e técnicas (art. XI). A Comissão Internacional de Registro de Freqüências efetua registro metódico das atribuições de freqüências feitas pelos países e fornece pareceres (art. XIII). As Comissões Consultivas Internacionais (art. XIV) efetuam estudos e emitem pareceres sobre questões de sua competência.

Organização Meteorológica Mundial (OMM)

A Organização Meteorológica Mundial (OMM ou WMO) foi criada em 1947, ano em que sua Convenção foi assinada em Washington, começando a funcionar em 1950. Sua sede é em Genebra. Seus propósitos são o estabelecimento de redes de estações de observações meteorológicas e outras observações geofísicas, relacionadas com a meteorologia; e instalação e a manutenção de centros para a prestação de serviços meteorológicos e de sistemas para o rápido intercâmbio de informações climatológicas; a padronização das observações meteorológicas; a aplicação da meteorologia à aviação, à navegação e à agricultura; e a realização de pesquisas. Seus órgãos principais (art. IV) são o Congresso Meteorológico Mundial, a Comissão Executiva, as Associações Meteorológicas, as Comissões Técnicas e a Secretaria.

O Congresso Meteorológico Mundial (parte VI) é o organismo supremo da OMM e determina medidas de ordem geral, a fim de alcançar os fins da Organização. Suas reuniões são convocadas em intervalos não ultrapassando a quatro anos. A Comissão Executiva (parte VII) é o órgão executivo da OMM e efetiva as decisões tomadas pelos membros da Organização. As Associações Regionais (art. XVII) discutem temas de interesse geral, coordenam em suas respectivas regiões as atividades meteorológicas e conexas, apresentando recomendações. As Comissões Técnicas (art. XVIII) são compostas de peritos e apresentam recomendações. A Secretaria (art. XIX) tem caráter permanente e é composta de um Secretário Geral e do pessoal técnico e administrativo necessário para efetuar os trabalhos da Organização.

Organização Consultiva Marítima Internacional (OCMI), hoje, Organização Marítima Internacional (OMI)

A Organização Consultiva Marítima Internacional (OCMI, hoje, OMI), teve sua Convenção redigida pela Conferência Marítima das Nações Unidas, em 1948. Entrou em vigor em 1958, após a ratificação de vinte e um Estados, pelo menos sete dos quais possuíam, cada um, no mínimo, 1.000.000 de tonelagem bruta. Sua filiação à ONU ocorreu em 1958. Sua sede é em Londres. Seus propósitos são criar um mecanismo adequado à cooperação entre os Estados no tocante à segurança dos mares, impedir práticas restritivas injustas por parte das companhias de navegação, tratar de assuntos relacionados com a navegação e promover a permuta de informações entre os Estados sobre matérias de sua competência (art.I). Seus órgãos principais são a Assembléia, o Conselho, a Comissão de Segurança Marítima e a Secretaria (art. XII). A Assembléia se compõe de todos os membros da Organização e se reúne, ordinariamente, uma vez, por período de dois anos, podendo se reunir extraordinariamente. Recebe e examina os relatórios do Conselho, vota o orçamento da Organização e recomenda a adoção de regras relativas à segurança marítima (parte V).

O Conselho se compõe de dezoito membros eleitos pela Asembléia, sendo seis de Estados mais interessados em oferecer serviços internacionais de navegação marítima, seis de Estados mais interessados no comércio internacional marítimo e seis de outros Estados interessados em transporte ou navegação marítima, que representem as grandes regiões geográficas do mundo. Nos intervalos entre as sessões da Assembléia, ele exerce todas as funções afetas à Organização, salvo a formulação de recomendações quanto à aprovação de regulamentos sobre segurança marítima (parte VI).

A Comissão de Segurança Marítima compõe-se de dezesseis membros, sendo oito eleitos entre os dez Estados que possuem as mais importantes marinhas mercantes, quatro eleitos de Estados pertecentes às seguintes regiões: África, América, Ásia e Oceânia e Europa e quatro eleitos entre os demais Estados não representados na Comissão. Suas funções compreendem ajuda à navegação marítima, construção e equipamento de navios, questões de tripulação na medida que interessem à segurança, regulamentação da segurança do mar, informações hidrográficas, inquéritos sobre acidentes no mar, e salvamento de pessoas e bens (parte VII). Já a Secretaria compreende o Secretário Geral, o Secretário de Comissão de Segurança Marítima e o pessoal que a Organização exigir. É o órgão burocrático da OCMI (parte VIII).

Banco Internacional para Reconstrução e o Desenvolvimento (BIRD)

O Banco Internacional para Reconstrução e o Desenvolvimento (BIRD) ou Banco Mundial foi fundado em 1945, quando foi assinado o acordo elaborado na Conferência de Bretton Woods, em 1944. Sua sede é em Washington. Seus própositos são a reconstrução e o desenvolvimento dos Estados Membros, facilitando a inversão de capitais para fins produtivos; promover a inversão de capitais estrangeiros e empréstimos para fomentar a produção; assegurar o desenvolvimento equilibrado do comércio internacional e da balança de pagamentos, mediante o estímulo à inversão internacional para o incremento das fontes de produção dos Países-Membros (art. I).

A estrutura do BIRD compreende uma Junta de Governadores, Diretores Executivos, um Presidente e outros oficiais e funcionários que se fizerem necessários e um Conselho Consultivo e Comissões de Empréstimo, tudo conforme o art. VI da Convenção que o criou. De acordo com o mesmo dispositivo, a Junta dos Governadores enfeixa todos os poderes do Banco e se reúne, obrigatoriamente, uma vez por ano, podendo se reunir, ainda, outras vezes, se necessário. E competente para admitir novos membros e determinar as condições de sua admissão; aumentar ou diminuir o capital social do Banco; suspender um membro: determinar a distribuição da renda líquida do Banco etc.

Os Diretores Executivos são responsáveis pela condução das operações gerais do Banco. São em número de doze, dos quais cinco são nomeados e sete eleitos. São eles que escolhem o Presidente, que não será governador nem diretor executivo. Será o chefe do quadro de funcionários operantes do Banco e conduzirá, sob a direção dos Diretores Executivos, os negócios ordinários do Banco.

O Conselho Executivo é constituído de, pelo menos, sete pessoas, escolhidas pela Junta de Governadores, ligadas à agricultura, indústria e comércio, que servirão por dois anos, podendo ser renomeadas. As Comissões de Empréstimo serão nomeadas pelo Banco, incluindo um perito escolhido pelo governador representante do membro em cujo território estiver localizado algum projeto em vias de efetivação, além de um ou mais membros do quadro técnico do Banco.

O BIRD apresenta alguns aspectos peculiares. É assim que cada membro terá duzentos e cinqüenta votos, mais um adicional para cada ação retida, i. e., o voto dos Países-Membros depende do número de votos que possuem. Regra geral, todos os assuntos serão decididos por uma maioria da contagem dos votos. Tem o BIRD plena responsabilidade jurídica e, em particular, capacidade de fazer contratos; de adquirir e de dispor de propriedades móveis e imóveis; e de instituir processos legais, estando seu ativo e seus bens imunes de confiscos, embargos ou execuções, antes da liberação do julgamento final contra ele. Além disso, todos os membros do BIRD são obrigatoriamente membros do Fundo Monetário Internacional (FMI) e só pode ser membro da Associação Internacional de Desenvolvimento (AID) e da Corporação Financeira Internacional (CFI) quem pertencer ao BIRD.

A administração da Associação Internacional de Desenvolvimento (AID) encontra-se a cargo do BIRD. Sua sede também é em Washington. Foi criada em 1960. O presidente do BIRD é, *exofficio*, seu presidente. Destina-se, nos termos de sua Convenção, a promover o desenvolvimento econômico internacional, aumentar a produtividade, melhorar os padrões de vida nas áreas menos desenvolvidas e conceder financiamentos (art. I). Sua estrutura se ajusta à sua administração pelo BIRD (art. VI). Conta com um Conselho de Governadores, Diretores Executivos, um Presidente, outros funcionários graduados e um *staff* para a efetivação de suas obrigações convencionais. O Conselho de Governadores enfeixa todos os poderes da Associação e se reúne, ordinariamente uma vez por ano, sem prejuízo de reuniões extraordinárias, se necessário. Os Diretores Executivos são responsáveis pela conduta das operações gerais da AID, reunindo-se tantas vezes quanto o andamento da Associação o determinar.

A Corporação Financeira Internacional (CFI) foi criada em 1956, tornando-se organismo especializado da ONU no ano seguinte. Da mesma forma que a AID, encontra-se estreitamente vinculada ao BIRD. Sua sede também é em Washington. Sua finalidade é a de fomentar o desenvolvimento de empresas privadas de caráter produtivo, especialmente nas regiões menos desenvolvidas. Assim, efetua investimentos em empresas particulares de produção, concede empréstimos e serve de centro de aproximação entre oportunidades de investimento, envolvendo o capital privado (quer estrangeiro, quer nacional) e administrações experimentadas (art. I).

Sua estrutura (art. IV) compreende um Conselho de Governadores, um Conselho de Diretores, um presidente e outros oficiais graduados e funcionários que se fizerem necessários à consecução de seus objetivos. Todos os poderes da CFI estão investidos no Conselho aos Governadores, que pode admitir novos membros, aumentar ou diminuir o capital social e fazer acordos de cooperação. Reúne-se, ordinariamente, uma vez por ano, podendo se reunir extraordinariamente. O Conselho de Diretores é responsável pelo comando das operações gerais da Corporação. O presidente da Corporação é nomeado pela Diretoria e é o chefe do quadro de funcionários da Entidade.

Fundo Monetário Internacional (FMI)

O Fundo Monetário Internacional (FMI) foi criado na Conferência Monetária e Financeira das Nações Unidas, em Bretton Woods (New Hampshire), em 1944. Sua sede é em Washington. De acordo com o art 1º de sua Convenção Constitutiva, suas finalidades são: promover a cooperação monetária internacional; a expansão e o desenvolvimento equilibrado do comércio internacional; a promoção da estabilidade cambial, mantendo a disciplina do câmbio entre seus membros e evitando depreciações competitivas; auxiliar no estabelecimento de um sistema multilateral de pagamentos de transações correntes entre seus membros, assim como na eliminação das restrições cambiais que dificultam o desenvolvimento do comércio mundial; colocar recursos à disposição de seus membros, facultando-lhes corrigir desajustes no balanço de pagamentos, sem utilização de medidas comprometedoras de sua prosperidade nacional ou internacional; e reduzir o grau de desequilíbrio nos balanços internacionais de pagamentos de seus membros.

O FMI possui membros fundadores e membros eleitos. São membros fundadores todos os que participaram da citada Conferência Monetária e Financeira, de 1944, e que assinaram sua Convenção Constitutiva. Membros eleitos são os que ingressaram posteriormente, respeitadas as condições estabelecidas pelo Fundo (art. 2°). Para cada membro será designada uma cota, que poderá ser objeto de reajustamento cada cinco anos (art. 3°). A paridade da moeda de cada membro será expressa em ouro ou em dólares norte-americanos, de peso e fineza vigentes em 1° de julho de 1944 (art. 4°). As obrigações dos membros, entre outras, compreendem a abstenção de restrições sobre pagamentos correntes, a abstenção de práticas monetárias discriminatórias, a conversibilidade de saldos retidos no exterior e o fornecimento de informações (art. 8°).

A estrutura do FMI (art. 12) compreende uma Junta de Governadores, Diretores Executivos, um Diretor-Gerente e um quadro de funcionários. A Junta de Governadores ou Junta Governativa é composta de um governador e de um suplente, nomeados pelos membros por um período de cinco anos, podendo ser reconduzidos. Compete, exclusivamente à Junta, a admissão de membros; aprovar a revisão das cotas; aprovar modificação uniforme na paridade das moedas de todos os membros; determinar a distribuição da renda líquida do Fundo; exigir a demissão de um membro; decidir a liquidação do Fundo etc. Os Diretores Executivos são responsáveis pelo funcionamento geral do Fundo, exercendo todos os poderes que a Junta lhes delegar. O número de Diretores não será inferior a doze, não sendo necessário que sejam Governadores. Dentre eles, cinco serão nomeados pelos membros com maiores cotas, o que gera, sem dúvida, desequilíbrio, em virtude da hegemonia das grandes potências. Os Diretores estão subordinados à Junta e podem exercer funções por ela delegadas. O Diretor-Gerente é escolhido pelos Diretores Executivos, não podendo ser Governador nem Diretor Executivo. É o presidente dos Diretores Executivos, mas não dispõe de voto, exceto para decidir em caso de empate. Pode participar das reuniões da Junta, mas sem direito a voto. É o chefe do quadro de funcionários do Fundo, competindo-lhe conduzir, sob a orientação dos Diretores Executivos, os negócios comuns da Entidade.

A personalidade jurídica, imunidades e privilégios do Fundo encontram-se catalogados no art.9º de sua Convenção Constitutiva. É assim que possui plena personalidade jurídica e, especialmente, capacidade para contratar, adquirir e traspassar bens móveis e imóveis e instaurar processos judiciais. Sua propriedade e haveres gozam de imunidade de processos judiciais de toda forma, salvo hipóteses de renúncia expressa, sendo imunes de buscas, requisições, confisco, expropriação e qualquer outra forma de arresto, por ação executiva ou legislativa. Os arquivos do Fundo são invioláveis. Os Governadores, Diretores Executivos, Suplentes, Administradores e Funcionários do FMI são imunes de processos legais, em relação aos atos praticados em suas funções oficiais, salvo caso de renúncia por parte da própria Entidade. O Fundo, seus haveres, propriedades, rendas, operações e transações, serão imunes de qualquer tributação e de todos os direitos alfandegários.

Muito íntimas são as relações entre o FMI e o BIRD. É que ambos foram criados pela Conferência de Bretton Woods e os membros fundadores de um Organismo também são membros fundadores do outro. Além disso, o FMI age no plano monetário-comercial internacional, e o objetivo do BIRD é a promoção da inversão de capitais particulares estrangeiros ao lado da expansão do comércio internacional a longo prazo. Temos, também, que, no Fundo, a fixação das cotas leva em conta o desenvolvimento industrial e financeiro dos Estados-Membros, enquanto, no Banco, a tônica é a concessão de empréstimos no plano internacional, de onde decorre a exigência da presença de Estados fortes no contexto da Entidade. Por isso, no Fundo, a cota-parte é fixada em função do peso econômico do Estado, sendo o número de votos, nos dois Conselhos, proporcional à cota-parte subscrita pelo Estado que representa. Os maiores cotistas são os EUA, Japão, Alemanha, Reino Unido e França. Em 1992, a Rússia e outros Estados da CEI ingressaram no FMI.

Através do direito de saque e dos acordos de confirmação (*stand by agreements*) o FMI permite a utilização de seus recursos. No primeiro caso, ocorre a compra de divisas estrangeiras, por um Estado, em troca de sua moeda nacional. E no segundo, uma linha de créditos para a efetivação de saques conforme condições preestabelecidas. Por sua própria rigidez, a política do FMI conduz a uma estratégia que favorece o poder dos países centrais, em detrimento do desenvolvimento dos países periféricos, impondo a privatização de setores estratégicos (telecomunicações) e o gerenciamento de setores básicos (recursos hídricos).

Organização Mundial de Propriedade Intelectual (OMPI)

A OMPI foi criada em 1967 com a finalidade de proteger a propriedade intelectual no plano mundial, daí sua ligação com a OMC, através do TRIPS, que se ocupa de direitos de autor e direitos conexos, marcas, patentes, indicações geográficas, desenhos industriais e controle de práticas de concorrência desleal. Tem sede em Genebra e seus órgãos principais são a Assembléia, a Conferência, o Comitê de Coordenação e o Secretariado. Com a inclusão das patentes no âmbito do GATT (OMC), a OMPI exerceu papel essencial na defesa dos interesses dos países periféricos.

8. Outros Organismos Internacionais

Há outros organismos que não se enquadram exatamente dentro do disposto no art. 57 da Carta de São Francisco. A diferença está em que são órgãos subsidiários da Assembléia Geral das Nações Unidas, não possuindo, pois, autonomia, tanto que seus estatutos podem ser alterados por resoluções da própria Assembléia. Entre estes, podemos citar os seguintes:

Conferência das Nações Unidas para o Comércio e o Desenvolvimento (UNCTAD)

A Conferência das Nações Unidas para o Comércio e o Desenvolvimento (UNCTAD) foi criada em 1964, em Genebra, adotando recomendações no sentido de ajudar os países subdesenvolvidos aumentar e estabilizar exportações de artigos manufaturados. Sua finalidade geral é a de promover o comércio internacional, principalmente entre países em diferentes fases de desenvolvimento, entre os próprios países subdesenvolvidos e entre países com sistemas econômicos e sociais diferentes (art. II). Seus órgãos principais são a Conferência Geral, o Conselho de Comércio e de Desenvolvimento e o Secretariado.

A Conferência se reúne nos intervalos de três anos ou mais. A primeira vez foi em Genebra, em 1964; depois, em Nova Delhi, em 1968; em Santiago, em 1972; em Nairobi, em 1976; em Manila, em 1979, e em Belgrado, em 1983. O Conselho do Comércio e do Desenvolvimento compõe-se de cinqüenta e cinco membros e é o órgão permanente da Entidade. Desse total, vinte e duas vagas são reservadas a Estados asiáticos e africanos, dezoito aos Estados desenvolvidos, nove aos Estados americanos e seis a Estados ditos socialistas. Possui o Conselho órgãos subsidiários, tais como a Comissão de Produtos de Base, a Comissão de Artigos Manufaturados e a Comissão dos Invisíveis e do Financiamento, além de Comitês. O Secretariado é o órgão burocrático da Entidade (art. II).

A Constituição da UNCTAD compreende quatro Anexos. O Anexo A traz a lista dos Estados asiáticos e africanos referidos acima. O Anexo B, a lista dos países desenvolvidos que integram a organização. O Anexo C, a lista dos Estados americanos, e o Anexo D, a lista dos Estados ditos socialistas, na ocasião.

Organização das Nações Unidas para o Desenvolvimento Industrial (UNIDO)

A Organização das Nações Unidas para o Desenvolvimento industrial (UNIDO) foi criada em 1966, pela Assembléia Geral da ONU, com a finalidade de promover a industrialização dos países em desenvolvimento e, desta forma, expandir o seu comércio (preâmbulo da sua Constituição). Sua sede é em Viena. Seus órgãos principais são a Junta de Desenvolvimento Industrial e o Secretariado.

A Junta de Desenvolvimento Industrial é o órgão principal da Entidade. Compreende quarenta e cinco membros, sendo dezoito para Estados africanos e asiáticos, quinze para os Estados desenvolvidos, sete para a América Latina e cinco para os países socialistas europeus, todos eleitos pela Assembléia Geral da ONU. Como se observa, a estrutura da UNIDO segue a da UNCTAD, trazendo sua Constituição, da mesma forma como ocorreu com a desta última, quatro Anexos, que dispõem sobre a relação dos Estados que a compõem. Poderá a Junta, para o real desempenho de suas funções, estabelecer órgãos subsidiários. O Secretariado é o órgão burocrático da Organização. É chefiado por um Diretor Executivo, nomeado pelo Secretário Geral das Nações Unidas, de acordo com a Assembléia Geral (art. II).

Agência Internacional de Energia Atômica (AIEA)

A Agência Internacional de Energia Atômica (AIEA) existe desde 1957, tendo seus estatutos sido aprovados, no ano anterior, por uma conferência internacional realizada na sede da ONU. Seus propósitos fundamentais são acelerar o aproveitamento da energia nuclear em prol da paz, da saúde e desenvolvimento; fomentar o intercâmbio de informações científicas e de especialistas no campo da utilização da energia atômica para fins pacíficos e instituir a aplicar salvaguardas destinadas a assegurar que seus materiais fissionáveis (plutônio, urânio), equipamentos e instalações não sejam utilizados para fins militares. Sua sede é em Viena. Seus órgãos principais são a Conferência Geral, a Juntado Governadores e o Secretariado (Estatuto, arts. II e III).

A Conferência Geral (art. V) compõe-se de todos os membros da organização. Reúne-se, ordinariamente, uma vez por ano, podendo se reunir extraordinariamente, se necessário. Tem poderes para discutir qualquer assunto de interesse da entidade, podendo fazer recomendações. A Junta de Governadores (art. VI) é constituída por vinte e três membros, sendo dez eleitos pela Conferência Geral, conforme o critério geográfico, e treze escolhidos pela própria Junta, com base no desenvolvimento do setor da energia nuclear. O Secretariado (art. VII) é o órgão burocrático da AIEA, sob a chefia de um diretor geral, nomeado pela Junta de Governadores, após aprovação pela Conferência Geral, para um mandato de quatro anos. É ele o mais alto funcionário da Agência e responsável pela nomeação, organização e direção das atividades do pessoal, que compreende, entre outros, especialistas em questões científicas e técnicas.

Fundo Internacional para o Desenvolvimento da Agricultura (FIDA)

O FIDA foi criado em 1977 e tem sede em Roma. Seus objetivos são o aumento da produção alimentar do mundo e a melhoria do nível de nutrição das populações carentes. Seus órgãos principais, seguindo a mesma orientação de organizações similares, são o Conselho de Governadores, o Comitê Executivo e o Presidente.

9. Programas das Nações Unidas

Programas das Nações Unidas para o Desenvolvimento (PNUD)

O Programa das Nações Unidas para o Desenvolvimento (PNUD), foi criado em 1965, mediante a fusão de dois Programas anteriores: o Fundo Especial das Nacões Unidas e o Programa de Assistência Técnica. Coopera na construção de economias sólidas e na elevação do padrão de vida de sua população, por meio de projetos de pré-investimentos e de assistência técnica. Presta assistência aos governos de países de baixa renda, mediante estudos de pesquisa e viabilidade, para determinar seu potencial econômico e planejar a expansão produtiva de seus recursos naturais. Atende, hoje, a cerca de cento e cinqüenta países. Tem um Conselho de Administradores, composto de quarenta e oito membros eleitos pelo

ECOSOC, um diretor e um "Bureau" Consultivo, formado pelo Secretário Geral das Nações Unidas e os Secretários das suas Organizações Especializadas.

Fundo das Nações Unidas para a Infância (UNICEF)

O Fundo das Nações Unidas para a Infância (UNICEF), primitivamente chamado "Fundo Internacional de Emergência das Nações Unidas para a Criança", estabelecido em 1953, tem por objetivo angariar auxílio à infância, em termos de saúde, educação e nutrição. Possui um Comitê Executivo, composto de trinta membros; um Comitê de Programas, com quinze membros; um Comitê Administrativo, com dez membros; e um diretor executivo, subordinado ao Secretário Geral das Nações Unidas.

Programa Alimentar Mundial (PAM)

O Programa Alimentar Mundial (PAM) destina-se, especificamente, ao setor da alimentação. Conta com um Comitê, composto de vinte membros e um Secretariado, cujo principal funcionário é um Diretor Geral.

Fundo das Nações Unidas para Questões de População (FNUP)

O Fundo das Nações Unidas para Questões de População (FNUP) tem por finalidade prestar auxílio aos Estados em assuntos de população, em termos econômicos e sociais. Foi criado em 1967, pelo Secretário Geral da ONU.

Programa das Nações Unidas para o Meio Ambiente (UNEP)

O Programa das Nações Unidas para o Meio Ambiente (UNEP) tem por objetivo o estudo e a pesquisa de problemas vinculados a contaminação ambiental, em escala mundial.

Capítulo II
ORGANIZAÇÕES REGIONAIS

As Organizações Regionais já haviam sido previstas no art. 21 do Pacto da SDN, tendo sido revigoradas na Carta da ONU. O art. 52 da Carta de São Francisco fala, expressamente, na criação de acordos ou de entidades regionais, destinados a tratar de assuntos relativos à manutenção da paz e da segurança internacionais, suscetíveis de uma ação regional, compatíveis com os propósitos e princípios das Nações Unidas. Assim, os membros da ONU que pertencerem a tais acordos ou entidades deverão empregar todos os esforços necessários para chegar a uma solução pacífica de suas controvérsias regionais, por meio desses acordos e entidades, antes de submetê-las ao Conselho de Segurança das Nações Unidas.

Com base no art. 53, o próprio Conselho de Segurança deverá utilizar tais acordos e entidades para uma ação coercitiva, sob sua própria autoridade. Deverá, ainda, o Conselho (art. 54), ser informado de qualquer ação vinculada a acordos e entidades, para a manutenção da paz e da segurança internacionais. Com base nesses dispositivos, surgiram inúmeras Organizações Regionais compreendendo diversos Continentes. Temos, assim, organizações americanas, organizações européias, organizações asiáticas, organizações africanas e outras mais. Algumas são nitidamente regionais, com base no critério geográfico, como é o caso da OEA, para o Hemisfério Ocidental, enquanto outras são quase-regionais, pois admitem membros não exatamente regionais, como ocorre com a OTAN.

1. Organizações Americanas

As principais Organizações Americanas são a Organização dos Estados Americanos (OEA), a Organização dos Estados Centro-Americanos (ODECA), a Organização dos Estados do Caribe Oriental (OECO), a Associação de Livre Comércio do Caribe (CARICOM), a Associação Latino-Americana de Livre Comércio (ALALC), hoje, ALADI, o Mercado Comum Centro Americano (MCCA), o Grupo Andino, SELA, NAFTA e MERCOSUL. Todas elas são Organizações Regionais, com base em interesses idênticos, aspectos culturais semelhantes e proximidade geográfica. Aqui, serão estudadas apenas as primeiras — OEA, ODECA e OECO — pois as outras se encontram diretamente vinculadas ao fenômeno da Integração.

Organização dos Estados Americanos (OEA)

A Organização dos Estados Americanos (OEA) é o organismo institucional do Sistema Interamericano, assim como a Organizacão das Nações Unidas (ONU) o é do Sistema Mundial. O Sistema Interamericano, segundo John C. Dreier, é um conglomerado de diversos fatores, é um conjunto de princípios que fundamentam o comportamento externo de seus Estados-Membros; compreende objetivos comuns a esses mesmos países, traduzidos por inúmeros acordos internacionais, e abrange um grupo de organismos interestatais vinculados aos mais variados setores da vida internacional.

a) Antecedentes

São muitos antigos os antecedentes da OEA, pois remontam do início do século XIX, quando já se cogitava, nos EUA, de um Sistema Interamericano (1818). A Doutrina Monroe (1823), a despeito de ser uma declaração unilateral, que visava, preferencialmente, à segurança dos EUA, contribuiu para criar uma autêntica mentalidade americana no Novo Mundo, completamente independente do Velho Mundo. Simão Bolívar, em 1826, pretendeu estabelecer uma Confederação entre os países americanos, razão da convocação do Congresso do Panamá. Este, porém, não alcançou o sucesso almejado, a conclusão de um Tratado de União, Liga e Confederação, para a defesa dos interesses comuns e solução pacífica das controvérsias daqueles países. Por meio de James G. Biane, em 1881, que foi Secretário de Estado de dois presidentes dos EUA, foi retomada a idéia de Simão Bolívar. Sob sua liderança é que realmente nasceu o movimento Pan-Americano, que ensejou a OEA. Em 1890, foi criado o Escritório Comercial das Repúblicas Americanas. Como o próprio nome está a indicar, ocupava-se de assunto de natureza mercantil. Em 1808, o Escritório ficou subordinado a um Comitê, composto de cinco membros, o Secretário de Estado norte-americano e quatro representantes de países latino-americanos.

Na Conferência do México (1901-1902), o Escritório passa a se denominar Escritório Internacional das Repúblicas Americanas e o Comitê de cinco membros é substituído por um Conselho, onde todos os países da área estiveram representados. Em 1906, na Conferência do Rio de Janeiro, a Comissão Permanente das Conferências Internacionais Americanas substituiu o antigo Escritório. E na Conferência de Buenos Aires, de 1910, a Comissão passou a se chamar União Pan-Americana (UPA). Durante todo esse tempo, ostensiva foi a posição dos EUA, em termos de defesa do hemisfério, com base na política da "Doutrina Monroe", na tentativa de evitar qualquer intervenção européia. Neste particular, é interessante lembrar a declaração de Olney, secretário de Estado norte-americano, em 1895, de que "hoje, os Estados Unidos são praticamente soberanos neste Continente e seus decretos são leis para os súditos, aos quais restringe a sua interverção".

Até a Conferência de Buenos Aires, acima mencionada, esse *statu quo* permaneceu inalterado, tanto que a presidência do órgão central da Entidade Pan-Americana (Comitê ou Conselho) sempre era ocupada pelo próprio Secretário de Estado norte-americano, o que só foi alterado (mais na teoria do que na prática), pela Conferência de Santiago, de 1923. Em 1928, durante a Sexta Conferência Interamericana, em Havana, os EUA reconheceram que sua intervenção na política do Hemisfério jamais propiciaria uma autêntica organização regional. É quando realmente se estruturou a União Pan-Americana, por meio de três órgãos: a Conferência Pan-Americana, o Conselho Diretor e Secretariado. Nota-se a presença de um órgão político-legislativo (a Conferência) e de um órgão político-executivo (o Conselho) dentro da linha de evolução que caracteriza o Direito das Organizações Internacionais. Em 1938, na Conferência de Lima, houve mais um órgão funcionando, de natureza consultiva, que foi a Reunião de Ministros das Relações Exteriores. Os EUA, abrandando sua posição de intervenção unilateral, passaram a desenvolver uma política de responsabilidade coletiva, para a segurança do Hemisfério. Foi assim que, em 1945, o Ato de *Chapu-tepec* cogitou de princípios de igualdade jurídica, de não-neutralidade, de proibição de conquista e de não-intervenção.

Em 1947, o Tratado Interamericano de Assistência Recíproca (TIAR) ou Tratado do Rio de Janeiro, reforçou os mesmos princípios, enfatizando a não-intervenção, criando um sistema de consultas e condenando a agressão. Foi esta definida como "o ataque armado, não provocado, por um Estado contra o território, a população ou as forças terrestres, navais ou aéreas de outro Estado e a invasão, pela força armada de um Estado, do território de um Estado americano, pela travessia das fronteiras demarcadas de conformidade com um tratado, sentença judicial ou laudo arbitral, ou, na falta de fronteiras assim demarcadas, a invasão que afeta uma região que esteja sob a jurisdição efetiva de outro Estado" (art. 9°).

O Sistema Interamericano, desta forma, definiu agressão antes mesmo da criação da OEA, enquanto, no Sistema Mundial (ONU), ela só veio ser definida em 1975. Nesse ano, o Protocolo de São José modificou o TIAR e considerou agressão a invasão, o bloqueio, o bombardeio e o envio de bandos armados.

A Carta da OEA foi assinada em Bogotá, no dia 30 de abril de 1948. É também conhecida como Carta de Bogotá. Não deve ser confundida com o Pacto de Bogotá ou Tratado Americano de Soluções Pacíficas, também firmado em Bogotá, no mesmo dia, mês e ano (30-4-1948), que estabeleceu os meios pacíficos de resolução de controvérsias entre Estados americanos (bons ofícios, mediação, investigação e conciliação, processo arbitral e judicial).

A Carta da OEA é de 1948, mas a Organização só entrou em vigor em 1951, com a 14ª ratificação da Colômbia. Foi, segundo Haroldo Valladão, o ponto alto do Sistema Interamericano, o da promulgação de sua Constituição. Em 1967, por meio do Protocolo de Buenos Aires, foi a Carta objeto de reforma, a qual só entrou em vigor em 1970. Outras reformas constaram do Compromisso de Santiago/91 e do Protocolo de Washington/92.

Seu art. 1º dispõe que, no Hemisfério, a OEA é uma organização internacional destinada a conseguir uma ordem de paz e de justiça para promover a solidariedade entre os Estados americanos, intensificar sua colonização e defender sua soberania, sua integridade territorial e sua independência. Dentro da ONU, entretanto, a OEA constitui um organismo regional, nos exatos termos do art. 52 da Carta de São Francisco.

b) Princípios e fins

De acordo com o art. 2° da Carta de Bogotá, os propósitos essenciais da OEA são os seguintes: a) garantir a paz e a segurança continentais; *b)* prevenir as possíveis causas de dificuldades e assegurar a solução pacífica das controvérsias que surjam entre seus membros; c) organizar a ação solidária destes, em casos de agressão; d) procurar a solução dos problemas políticos, jurídicos e econômicos que surgirem entre os Estados-Membros; *e)* promover, por meio de ação coopererativa, seu desenvolvimento econômico, social e cultural.

Os princípios, conforme seu art. 3°, são: *a)* o Direito Internacional é a norma de conduta dos Estados em suas relações recíprocas; *b)* a ordem internacional é constituída, essencialmente, pelo respeito à personalidade, soberania e independência dos Estados e pelo cumprimento fiel das obrigações emanadas dos tratados e de outras fontes do Direito Internacional; *c)* a boa-fé deve reger as relações dos Estados entre si; *d)* a solidariedade dos Estados americanos e os altos fins que ela visa requerem a organização política dos mesmos, com base no exercício efetivo da democracia representativa; *e)* os Estados americanos condenam a guerra de agressão: a vitória não dá direitos; f) a agressão a um dos Estados americanos constitui uma agressão a todos os demais Estados americanos; *g)* as controvérsias de caráter internacional que surgirem entre dois Estados americanos deverão ser resolvidas por meio de processos pacíficos; *h)* a justiça e a segurança sociais são bases de uma paz duradoura; *i)* a cooperação econômica é essencial para o bem-estar e para a prosperidade comuns dos povos Continente; *j)* os Estados americanos proclamam os direitos fundamentais da pessoa humana, sem fazer distinção de raça, nacionalidade, credo ou sexo; *k)* a unidade espiritual do Continente baseia-se no respeito à personalidada cultural dos países americanos e exige a sua estreita colaboração nas altas finalidades da cultura humana; *l)* a educação dos povos deve-se orientar para a justiça, a liberdade e a paz.

Esses princípios e fins são complementados pelo disposto nos Capítulos V, VI, VII, VIII e IX da Carta. É assim que o Cap. V trata da solução pacífica de controvérsias. O art. 23 reza que todas as controvérsias internacionais que surjam entre os Estados americanos deverão ser submetidas aos processos pacíficos indicados na Carta, antes de serem levadas ao Conselho de Segurança da ONU, com base no art. 52 da Carta de São Francisco. Esses processos pacíficos são os mesmos previstos no Pacto de Bogotá, *inter alia*, negociação direta, bons ofícios, mediação, investigação, conciliação, solução judicial e arbitragem (art. 24).

O Cap. VI trata da segurança coletiva. O art. 27 dispõe — como ocorreu com outras normas que institucionalizaram as organizações regionais — que toda agressão de um Estado contra a integridade ou a inviolabilidade do território ou contra a soberania ou a independência política de qualquer Estado americano será considerada como um ato de agressão contra os demais. O art. 28 complementa o raciocínio e distingue agressão de ataque armado, considerando este último uma espécie do gênero agressão. A estrutura política para a segurança coletiva do Hemisfério encontra-se no TIAR, que não prevê, contudo, um sistema de forças armadas sob comando coletivo, como ocorre na ONU ou mesmo na OTAN.

O Cap. VII dispõe sobre normas econômicas. As metas básicas a serem alcançadas pelos Estados-Membros, no plano do desenvolvimento econômico e social são, entre outras, as seguintes (art. 31): aumento substancial e auto-sustentado do produto nacional *per capita;* distribuição eqüitativa da renda nacional; sistemas tributários adequados e eqüitativos; modernização da vida rural; reformas que conduzam a regimes eqüitativos e eficazes de posse da terra; maior produtividade agrícola; diversificação de produção; melhores sistemas para a industrialização e a comercialização de produtos agrícolas; industrialização acelerada e diversificada; melhores salários; oportunidades de emprego; erradicação do analfabetismo; habitação adequada e a expansão e diversificação das exportações.

Deverão, ainda, os Estados-Membros, em termos de interdependência, entre desenvolvimento econômico e social, de um lado, *e o* comércio exterior, do outro (art. 37), envidar esforços para conseguir a redução ou abolição por parte dos países importadores de barreiras alfandegárias e não-alfandegárias que afetem suas exportações e melhores condições para o comércio de seus produtos básicos, por meio de convênios e de outras medidas destinadas a promover a expansão de mercado, inclusive, em termos de integração regional (arts. 39 a 42).

O Cap. VIII complementa esse raciocínio, em termos de normas sociais. E assim que o art. 43 se refere ao direito da pessoa humana bem-estar material e espiritual, em condições de liberdade, dignidade, igualdade e segurança. O trabalho é um direito e um dever social, com base num regime de salários justos. É lícita a livre associação de empregadores e trabalhadores. O funcionamento dos sistemas de administração pública, bancário e de crédito, de empresa, de distribuição e de vendas deve atender às necessidades e interesses da comunidade. O desenvolvimento de uma política eficiente de previdência social também integra as preocupações básicas da Entidade no setor social.

O Cap. IX dispõe sobre educação, ciência e cultura, que deverão ser orientadas no sentido do melhoramento integral da pessoa humana e como fundamento da democracia, da justiça social e do progresso, inclusive tecnológico (arts. 45 e 46). O ensino primário deverá ser obrigatório e gratuito, quando ministrado pelo Estado. O ensino médio deverá se estender, pregressivamente, à maior parte possível da população. O ensino superior deverá ser acessível a todos (art. 47). Além disso, dar-se-á especial atenção à erradicação do analfabetismo, ao fortalecimento dos sistemas de educação de adultos e de habilitação para o trabalho (art. 48), desenvolvendo-se a ciência e a tecnologia, por meio de instituições de pesquisa e do ensino (art. 49), por meio de permanente intercâmbio cultural (art. 50).

c) Membros

Conforme o art. 4° da Carta da OEA, são membros da Organização todos os Estados americanos que a ratificarem. Assim, poderá se admitida toda nova entidade política que nasça da união de seus Estados-Membros (art. 5º). Qualquer Estado americano independente poderá ingressar na Organização. Sempre, por meio de nota dirigida ao seu Secretário Geral, em que fique consignada a sua disposição de assinar e ratificar a Carta e de aceitar todas as obrigações inerentes à sua condição de membro e, em especial, as referentes à segurança coletiva (art. 6º).

A Assembléia Geral, após recomendação do Conselho Permanente da Organização, determinará se é procedente autorizar o Seretário Geral a permitir o ingresso. A recomendação do Conselho e a decisão da Assembléia requerem o voto afirmativo de dois terços dos Estados-Membros (art. 7º). O artigo seguinte (8º) dispõe que não será apreciado o pedido de ingresso apresentado por entidade política, cujo território estiver sujeito a litígio ou reclamação entre país extracontinental e um ou mais Estados-Membros da OEA, anteriormente a 18 de dezembro de 1964. Só depois que a controvérsia for solucionada por processo pacífico.

O processo de candidatura à OEA é, pois, semelhante ao da ONU. Isto ocorreu após a reforma da Carta, por meio do Protocolo de Buenos Aires, de 1967. Anteriormente, era suficiente que o Estado ratificasse a Carta. Não existe, entretanto, veto, como ocorre na ONU. A OEA conta com 34 membros (seriam 35, com a inclusão de Cuba) e com observadores de todos os pontos do globo.

A Carta da OEA não contém dispositivos sobre expulsão e suspensão de membros, como ocorre com a Carta da ONU. Admite, porém, a denúncia e o desligamento após dois anos. A VIII Reunião de Consulta dos

Ministros de Relações Exteriores da Organização, realizada em 1962, em Punta del Este, concluiu pela exclusão do governo de Cuba, da participação do Sistema Interamericano. A Resolução sobre a matéria dizia que a adesão de qualquer membro da OEA ao marxismo-leninismo era incompatível com o Sistema Interamericano e a filiação de qualquer governo do Hemisfério ao bloco comunista destruía sua unidade e solidariedade. O governo de Cuba oficialmente identificado como governo marxista-leninista, era incompatível com os princípios e fins do Sistema Interamericano. Tal incompatibilidade o excluía, por conseguinte, da participação do Sistema e, por isso, o Conselho da OEA e os outros órgãos e organismos do Sistema Interamericano deveriam adotar as providências necessárias para o cumprimento de tal Resolução.

Observa-se, assim que a efetivação da Resolução da Reunião de Consulta dependia de providências a serem tomadas pelo Conselho da Organização e outros órgãos e organismos do Sistema. A exclusão de Cuba do Sistema Interamericano teve por fundamento o disposto no art. 3°, *d*, da Carta de Bogotá. Reza esse dispositivo que a solidariedade dos Estados americanos e os altos fins visados pela entidade requerem a organização política de todos eles com base no exercício efetivo da democracia representativa. Inexiste, porém, qualquer dispositivo legal na Carta da OEA, no sentido de efetivação da expulsão. Conforme seu art. 137, porém "nenhuma das estipulações desta Carta se interpretará no sentido de prejudicar os direitos e obrigações dos Estados-Membros, de acordo com a Carta das Nações Unidas". Daí adveio, por via indireta, vinculação ao art. 6º da Carta da ONU, que perimite a expulsão, com base em que, dentro da ONU, é a OEA uma Entidade Regional (Carta de Bogotá, art.1º).

d) Direitos e deveres fundamentais dos Estados

O Cap. IV da Carta da OEA apresenta os direitos e deveres fundamentais dos Estados, detalhe de suma importância para o Sistema Interamericano, que não consta na Carta da ONU, para o Sistema Mundial. Em síntese, os direitos são os seguintes: Os Estados são juridicamente iguais e desfrutam de iguais direitos e deveres. Tais direitos decorrem de sua existência com personalidade jurídica internacional (art. 9º). Esses direitos fundamentais não podem ser restringidos de maneira alguma (art. 11). A existência política do Estado independe do seu reconhecimento pelos outros Estados, razão por que, mesmo antes de ser reconhecido, tem o Estado o direito de defender a sua integridade e independência, promover sua conservação e prosperidade, se organizar como melhor entender, legislar sobre seus interesses, administrar seus serviços e determinar a jurisdição e competência de seus tribunais (art. 12). A jurisdição dos Estados, nos limites de seu território nacional, se exerce, igualmente, sobre todos os habitantes, quer nacionais, quer estrangeiros (art. 15). Têm os Estados o direito de desenvolver sua vida cultural, política e econômica, respeitando os direitos da pessoa humana e os princípios da moral universal (art. 16). Têm os Estados o direito de legítima defesa, única hipótese em que poderão recorrer ao uso da força em suas relações internacionais(art. 21).

Entre os deveres, temos: Todo Estado Americano tem o dever de respeitar os direitos dos outros Estados, de acordo com o Direito Internacional (art. 10). Dever de não praticar atos injustos contra outro Estado (art. 14). Dever de respeitar e observar os tratados que concluírem (art. 17). Dever de não intervir, direta ou indiretamente, seja qual for o motivo, nos assuntos internos ou externos de outro Estado (art. 18). Dever de evitar medidas coercitivas de caráter econômico e político, no sentido de forçar a vontade soberana de outro Estado, para dele obter qualquer tipo de vantagem (art. 19). Dever de respeitar o território dos outros Estados, que não pode ser objeto de ocupação militar, nem de outras medidas de força, direta ou indiretamente, qualquer seja o motivo, ainda que temporariamente.

e) Órgãos

A Carta da OEA, quando foi assinada, em 1948, previa os seguintes órgãos (art. 32 do documento originário): Conferência Interamericana, Reunião de Consulta dos Ministros de Relações Exteriores, Conselho, União Pan-Americana, Conferências Especializadas e Organismos Especializados. Após o Protocolo de Buenos Aires, de 1967, que reformou a Carta de Bogotá, os órgãos são (art. 51): Assembléia Geral, Reunião de Consulta dos Ministros de Relações Exteriores, Conselhos, Comissão Jurídica Interamericana, Comissão Interamericana de Direitos Humanos, Secretaria Geral, Conferências Especializadas e Organismos Especializados. Poderão ser criados, ainda, órgãos subsidiários, organismos e outras entidades que forem julgados necessários.

Assembléia Geral

A Assembléia Geral corresponde, hoje, à antiga Conferência Interamericana. É o órgão supremo da OEA. Suas atribuições, entre outras (art. 52), são as seguintes: decidir a ação e a política gerais da organização, determinando a estrutura e funções de seus órgãos; criar normas para a coordenação das atividades desses órgãos entre si e de sua atividade com as das outras instituições do Sistema Interamericano fortalecer e harmonizar a cooperação da OEA com a ONU e seus Organismos Especializados; promover a colaboração, especialmente nos setores econômico, social e cultural, com outras organizações internacionais; aprovar o orçamento-programa da Organização; fixar as quotas dos Estados-Membros e considerar os relatórios apresentados pelos órgãos, organismos e entidades do Sistema Interamericano. Todos os Estados-Membros se encontram representados na Assembléia Geral, tendo cada Estado direito a um voto (art. 54).

A Assembléia se reúne, ordinariamente, uma vez por ano, na época determinada pelo seu regulamento e em sede escolhida mediante o princípio do rodízio (art. 55). Pode-se reunir extraordinariamente em circunstâncias especiais, com a aprovação de dois terços dos Estados-Membros (art. 56). Conta a Assembléia com uma Comissão Preparatória. Tal Comissão é responsável pela elaboração do projeto de agenda de cada período de sessões, pelo exame do projeto de orçamento-programa e do projeto de resolução sobre quotas, além de outras funções que lhe forem atribuídas pela própria Assembléia (art. 58).

Reunião de Consulta dos Ministros de Relações Exteriores

A Reunião de Consulta dos Ministros de Relações Exteriores já se encontrava prevista em 1948, permanecendo inalterada após a Reforma de 1967. Tem por finalidade considerar problemas de natureza urgente e de interesse comum para os Estados americanos, servindo, ainda, como órgão de consulta (art. 59). Todo Estado-Membro da OEA pode solicitar ao Conselho Permanente a convocação de uma Reunião de Consulta, o qual decidirá por maioria absoluta de votos sobre a oportunidade de sua realização (art.60).

O Órgão de Consulta é assessorado, em assuntos de natureza militar, por uma Comissão Consultiva de Defesa (art. 64), a qual é integrada pelas mais altas autoridades militares que participarem da Reunião de Consulta, tendo cada Estado direito a um novo (art. 65). A Reunião de Consulta de Havana, em 1940, criou a Comissão Interamericana de Paz, composta de representantes de cinco Estados, com o fim de solucionar conflitos regionais, após o esgotamento dos meios diplomáticos pelos Estados.

Outra Reunião de Consulta, realizada em 1965, criou a Força Interamericana de Paz (FIP). Conforme a Ata que a estabeleceu (art. I, 2), foi constituída pelo Comando Unificado e pelos contingentes nacionais dos Estados-Membros para ela destacados. A Reunião de seria informada sobre as atividades da FIP (art. II, 1). A criação da FIP coincidiu com a crise da República Dominicana, naquele mesmo ano. O problema envolveu intervenção americana em São Domingos, fundamentada em informação de fontes diplomáticas dos EUA, de que a Ilha estava sendo ocupada por forças castristas. Temendo um impasse semelhante ao de Cuba, os EUA intervieram, alegando a necessidade de proteger cidadãos norte-americanos que ali residiam. O Conselho de Segurança da ONU foi acionado pela ex-URSS, que se opôs à posição tomada pelos EUA. O Conselho, após ordem de cessar fogo, coadjuvada pelo envio, ao local, de um representante do Secretário Geral da Organização, considerou o problema de natureza regional e o remeteu à OEA. Foi quando se estruturou a FIP, que contraria o art. 53, 1 da Carta da ONU.

Conselhos

Os Conselhos são o Conselho Permanente, o Conselho Interamericano Econômico e Social e o Conselho Interamericano de Educação, Ciência e Cultura. Antes da reforma da Carta, em 1967, havia apenas um Conselho, que tinha três órgãos auxiliares: o Conselho Interamericano Econômico e Social (CIES), o Conselho Interamericano de Jurisconsultos e o Conselho Cultural Interamericano.

O Conselho Permanente compõe-se de um representante com a categoria de embaixador, de cada Estado-Membro (art. 78). Sua presidência será exercida, sucessivamente, pelos seus representantes, na ordem alfabética dos nomes, em espanhol, de seus países, por um período não superior a seis meses (art. 79). Conta com um órgão subsidiário, a Comissão Interamericana de Soluções Pacíficas (art. 83). Suas funções compreendem a execução das decisões da Assembléia Geral e da Reunião de Consulta; a observância das normas que regulam o funcionamento da Secretaria Geral; atuar como Comissão Preparatória da Assembléia Geral, se esta o permitir; formular recomendações à Assembléia Geral sobre o funcionamento da Organização e sobre a coordenação de seus órgãos subsidiários, organismos e comissões (art. 91).

O Conselho Interamericano Econômico e Social compõe-se de um representante titular da mais alta hierarquia, de cada Estado-Membro (art. 93). Tem por finalidade promover a cooperação entre os países americanos, com o fim de alcançar seu desenvolvimento econômico e social acelerado (art. 94). Pode recomendar programas de ação, coordenar as atividades econômicas e sociais da organização, assim como suas atividades com as dos outros Conselhos (art. 93). Conta com uma Comissão Executiva Permanente (art. 97).

O Conselho Interamericano da Educação, Ciência e Cultura compõe-se de um representante titular da mais alta hierarquia, de cada Estado-Membro (art. 99). Tem por finalidade promover relações amistosas e entendimento mútuo entre os países americanos (art. 100), devendo coordenar as atividades da Organização relativas à educação, ciência e cultura; zelar pela melhoria do ensino em todos os seus níveis; adotar programas educacionais; apoiar a pesquisa científica e tecnológica e estimular o intercâmbio de professores, pesquisadores, técnicos e estudantes (art. 101). Conta com uma Comissão Executiva Permanente (art. 103).

A Comissão Jurídica Interamericana serve de corpo consultivo da Organização em assuntos jurídicos. Deve promover o desenvolvimento progressivo e a codificação do Direito Internacional, estudar os problemas jurídicos da integração dos países do Hemisfério e a possibilidade de harmonizar suas legislações (art. 105). É composta de onze juristas nacionais dos Estados-Membros, eleitos pela Assembléia, com mandato de quatro anos (art. 107). Sua sede continua a ser no Rio de Janeiro, após à reforma da Carta, mas, em casos especiais, poderá se reunir em outros lugares (art. 111).

Comissão Interamericana de Direitos Humanos

Sua principal função é a de promover o respeito e a defesa dos direitos humanos, e servir, na matéria, como órgão consultivo da Organização. Este dispositivo (art. 112) foi complementado pela Convenção Americana sobre Proteção dos Direitos Humanos, assinada em Costa Rica. Essa Convenção criou a Comissão Interamericana de Direitos Humanos e a Corte Interamericana de Direitos Humanos, órgãos competentes para a observância e defesa dos direitos da pessoa humana no Hemisfério.

Secretaria Geral

A Secretaria Geral é o órgão central e permanente da OEA, correspondendo à antiga União Pan-Americana (art. 113). É, pois, o órgão burocrático da Organização. Sua sede é em Washington (art. 127). Quem dirige a Secretaria, como seu representante legal, é o Secretário Geral, eleito pela Assembléia para um período de cinco anos, não podendo ser reeleito mais de uma vez (arts. 114 e 115). O Secretário Geral é coadjuvado por um Secretário Adjunto, eleito, também, pela Assembléia, por igual prazo e nas mesmas condições. Tem o caráter de funcionário consultivo do Secretário Geral e é o Secretário do Conselho Permanente da OEA (arts. 120 e 121).

Entre as funções da Secretaria Geral, temos o assessoramento a outros órgãos da Entidade, na elaboração das agendas e regulamentos; o preparo do projeto do orçamento-programa da Organização; custodiar documentos e arquivos; servir de depositária dos tratados interamericanos e de seus instrumentos de ratificação e apresentar relatórios anuais à Assembléia (art. 118). O Secretário Geral participa das reuniões da Organização com direito à palavra, mas sem voto (art. 116). Compete-lhe determinar o número de funcionários e empregados da Secretaria, nomeá-los, regulamentar suas atribuições e deveres, e fixar sua retribuição (art. 119).

Conferências Especializadas

São reuniões intergovernamentais que tratam de assuntos técnicos especiais e de aspectos específicos da cooperação interamericana. Efetivam-se por determinação da Assembléia ou da Reunião de Consulta, a pedido dos Conselhos, dos Organismos Especializados ou por iniciativa própria (art. 128).

Organismos Especializados

São organismos intergovernamentais, estabelecidos por acordos multilaterais, vinculados às matérias técnicas de interesse comum para os Estados americanos (art. 130). Apresentam relatórios anuais à Assembléia (art.

133) e estabelecem relações de cooperação com os organismos mundiais da mesma natureza (art. 135).

Os principais são: Organização Pan-Americana de Saúde; Junta Interamericana de Defesa; Instituto Pan-Americano de Geografia e História; Instituto Interamericano de Indianistas; Instituto Interamericano de Ciências Agrícolas; Instituto Interamericano de Proteção à Infância; Comissão Interamericana da Mulher; Banco Interamericano de Desenvolvimento (BID) e Comissão Especial de Coordenação Latino-Americana (CECLA).

A Organização Pan-Americana de Saúde, com sede em Washington, tem por fim o combate às enfermidades; estimular campanhas oficiais contra endemias e epidemias; e cooperar em assuntos de higiene pública. À Junta Interamericana de Defesa, também com sede em Washington, cabem questões relativas à defesa militar do Hemisfério. O Instituto Pan-Americano de Geografia e História, tem sua sede no México e serve de órgão de cooperação e ligação entre institutos similares do Continente. O Instituto Interamericano de Indianistas também tem sede no México, com a finalidade de servir de Secretaria a Conferências Interamericanas de proteção aos índios e para divulgar informes sobre a questão indígena no Continente.

O Instituto Interamericano de Ciências Agrícolas, criado em 1942, tem sede em Costa Rica. Seu objetivo é fomentar o progresso e desenvolvimento da agronomia no Hemisfério. O Instituto Internacional Americano de Proteção à Infância, com base em resoluções aprovadas por Congressos pan-americanos sobre o assunto, equivale, na OEA, à UNICEF, na ONU. E a Comissão Interamericana de Mulheres, com sede em Washington, tem por objetivo a proteção de defesa dos direitos da mulher.

O BID tem sede em Washington e exerce, no Sistema Interamericano, o mesmo papel que o BIRD, no Sistema Mundial. Conforme seu Convênio Constitutivo, seu objetivo é o de contribuir para acelerar o processo de desenvolvimento econômico, individual e coletivo, dos países-membros (art. 1º). Sua estrutura compreende uma Assembléia de Governadores, uma Diretoria Executiva, um Presidente, um Vice-presidente Executivo e outros funcionários (art. 8º). Já a CECLA, foi criada em 1969 e se ocupa do desenvolvimento econômico, do comércio internacional, transportes, investimentos e cooperação. Por intermédio da Declaração de Viña del Mar (1969), sua Reunião Ministerial apresentou as reivindicações básicas dos países latino-americanos, objeto das conversações mantidas com Nelson Rockefeller, na sua qualidade de enviado especial dos EUA.

Organização dos Estados Centro-Americanos (ODECA)

A Organização dos Estados Centro-Americanos (ODECA) foi criada em 1951, por intermédio da Carta de São Salvador, pela Guatemala, Honduras, Costa Rica, Nicarágua e El Salvador. Tem por objetivo a coordenação dos esforços comuns desses países quanto à sua convivência; solução pacífica de conflitos; auxílio mútuo; desenvolvimento econômico, social e cultural; igualdade jurídica; respeito mútuo e não-intervenção. Sua estrutura compreende a Reunião dos Presidentes, a Reunião dos Ministros das Relações Exteriores, a Reunião dos Ministros de outras Pastas, o Escritório Centro-americano e o Conselho Econômico.

O primeiro é o órgão supremo da Entidade, mas o segundo é o principal. Aqui, cada Estado tem direito a um voto, sendo as decisões sobre questões de natureza material tomadas por unanimidade, O terceiro reúne-se eventualmente e é menos importante. O quarto é o órgão burocrático da Organização, sendo o Secretário Geral eleito pela Reunião de Ministros das Relações Exteriores por um período de quatro anos, proibida a reeleição. O último é integrado por delegados dos governos dos Estados-Membros. Reúne-se anualmente e exerce as funções que a Reunião dos Ministros das Relações Exteriores determinar.

Organização dos Estados do Caribe Oriental (OECO)

A OECO foi criada, em 1981, através de tratado, com vistas à cooperação econômica do Caribe Oriental. Os Estados que a compõem são Antígua, Dominica, Granada, Montsserrat, St Kitts-Nevis, Santa Lúcia, São Vicente e Granadinas. Seus órgãos são: Autoridade de Chefes de Governo, Comité de Negócios Estrangeiros, Comité de Defesa e Segurança, Comité de Assuntos Econômicos e Secretariado Central.

2. Organizações Européias

As Organizações Européias tiveram sua formação a partir de 1947, com o Tratado de Dunkirk, entre a França e a Inglaterra, sobre assistência mútua. No mesmo ano, o Plano Marshall conclamou os países europeus a efetivarem um programa de reconstrução, por intermédio da ajuda norte-americana. O resultado foi a assinatura, em 1948, em Paris, da Convenção sobre Cooperação Econômica Européia, que criou a Organização Européia de Cooperação Econômica (OECE). Ao mesmo tempo, foram tomadas medidas de caráter político e militar, por meio de outras negociações, de que é exemplo o Tratado de Bruxelas, de 1948, concluído pela França, Bélgica, Inglaterra, Holanda e Luxemburgo.

Nesse mesmo ano, o Congresso da Europa, realizado na Haia, objetivou uma maior unidade européia, a despeito do pequeno entusiasmo da Inglaterra, Irlanda e dos países escandinavos. Ainda em 1948, foi criada a Organização do Tratado do Atlântico Norte (OTAN) e o Conselho da Europa, aquela, uma entidade de caráter essencialmente militar, e este, um organismo basicamente político. Em 1952 foi criada a Comunidade Européia de Defesa (CED), de caráter militar, que veio a ser substituída, em 1954, pela União Européia Ocidental (UEO ou WEU).

Conselho da Europa

O Conselho da Europa foi criado pela Conferência dos Dez, em Londres, em 1949, além dos cinco Estados que assinaram o Tratado de Bruxelas (França, Bélgica, Inglaterra, Holanda e Luxemburgo), dela participaram a Dinamarca, Irlanda, Itália, Noruega e Suécia. Seu Estatuto refere-se a uma unidade e associação mais íntimas entre seus Estados-Membros, o que é complementado por seu art. 1º, que cogita de maior unidade entre eles, em termos econômicos, sociais, culturais, científicos, legais e administrativos.

Silenciou o Estatuto quanto às questões políticas, muito embora seja o Conselho da Europa um organismo político, tanto que possui, como órgãos principais, o Comitê dos Ministros e a Assembléia Consultiva. Quanto aos assuntos militares, foram deliberadamente excluídos (art. 1º, d), pois a intenção das partes signatárias foi deixá-los subordinados à OTAN, como adverte A.N. Robertson. Os arts. 2º, 3º e 4º tratam dos membros originários e admitidos do Conselho, que conta hoje, além dos dez, ainda com a Grécia, Turquia, Islândia, ex-Alemanha Ocidental, Chipre, Suíça e Malta. Sua sede é em Strasburgo (art. 11).

Sua estrutura compreende o Comitê dos Ministros e a Assembléia Consultiva, assistidos pelo Secretariado. O Comitê dos Ministros é o órgão competente para operar em nome do Conselho (art. 13). Cada membro tem, nele, um representante, seu Ministro das Relações Exteriores. E cada representante, um voto (art. 14). A Assembléia Consultiva é o órgão deliberativo do Conselho e apresenta conclusões sob a forma de recomendações, sobre assuntos de sua competência (art. 22) e compõe-se de representantes de cada um dos Estados-Membros. O Secretariado é o órgão burocrático do Conselho (art. 36) composto de um Secretário Geral, um Secretário Adjunto, nomeados pela Assembléia Consultiva, e do pessoal necessário, nomeado pelo próprio Secretário Geral.

Muito profícuo tem sido o trabalho do Conselho da Europa, em termos de realização de Conferências Especializadas e de conclusão de convenções. Entre as Conferências, podem ser citadas a Conferência Européia de Autoridades Locais, a Conferência Européia Parlamentar e Científica, a Conferência de Ministros de Educação e a Conferência de Ministros Europeus de Justiça e, entre as Convenções, a Convenção Européia de Proteção dos Diretos Humanos e das Liberdades Fundamentais, Convenção sobre Assistência Social e Médica, Convenção Cultural, Convenção sobre Classificação Internacional de Patentes de Invenção, Convenção sobre Solução Pacífica de Controvérsias, Convenção sobre Extradição, Convenção sobre Assistência Mútua em Matéria Criminal e Convenção sobre Múltipla Nacionalidade.

Organização de Cooperação e de Desenvolvimento Econômico (OCDE)

A Organização de Cooperação a Desenvolvimento Econômico (OCDE) foi criada em 1960 sendo sucessora da Organização Européia de Cooperação Econômica (OECE). Para melhor compreensão da primeira, começaremos pela análise da última. A OECE surgiu na Conferência de Paris, de 1947, em conseqüencia do Plano Marshall, tendo por objetivo o trabalho comum de Estados-Membros em termos de cooperação econômica (art. 1º de sua Convenção). Sua estrutura (arts. 10 e 23) compreendia um Conselho, um Comitê Executivo e vários Comitês Técnicos. Várias medidas econômicas foram adotadas pela Organização, no sentido de efetivar seus objetivos, tais como a redução de tarifas e outras barreiras à expansão do comércio (art. 6º), o desenvolvimento do intercâmbio de bens e serviços (art. 4º) o desenvolvimento da produção (art. 2º) e o uso de energia nuclear para fins pacíficos, em colaboração com a EURATOM (art. 19).

A OCDE substituiu a OECE. Sua sede também é em Paris. Os membros, em princípio, são os mesmos, sendo que os EUA e o Canadá são, hoje, membros propriamente ditos. O Japão aderiu em 1964, a despeito de se tratar de uma entidade de caráter essencialmente europeu e foi previsto um lugar para o representante da Comunidade Econômica Européia (CEE ou MCE), hoje, União Européia (UE).

Três são seus grandes objetivos, descritos em sua Convenção (art. 1°): a) alcançar o crescimento econômico, o aumento do nível de emprego e a melhoria dos padrões de vida dos países-membros; b) contribuir para uma melhor expansão econômica, tanto de seus países-membros, como de países não-membros; c) colaborar para a expansão do comércio mundial em bases multilaterais não discriminatórias. Sua estrutura compreende os seguintes órgãos principais: o Conselho, composto de todos os membros da organização (art. 7°); o Comitê Executivo, estabelecido pelo próprio Conselho (art. 9°) e o Secretariado (art. 10).

Conselho Nórdico

O Conselho Nórdico é a única entidade européia constituída, exclusivamente, de um corpo parlamentar, sem vinculação com qualquer órgão intergovernamental. É composto dos seguintes países: Dinamarca, Finlândia, Islândia, Noruega e Suécia (art. 1° de seu Estatuto). Reúne-se, ordinariamente, uma vez por ano, podendo-se reunir extraordinariamente, se necessário (art. 4°). Suas deliberações, regra geral, são públicas (art. 6°), mas suas resoluções não têm caráter obrigatório. Destina-se a discutir questões de interesse geral dos Países-Membros (art. 10), no sentido de cooperar para o desenvolvimento das relações entre os países escandinavos. Serve, ainda, de órgão de consulta entre os parlamentos e governos desses mesmos países.

Organização do Tratado do Atlântico Norte (OTAN)

A Organização do Tratado do Atlântico Norte (OTAN ou NATO), de 1949, é uma extensão do Tratado de Bruxelas, de 1948. Sua finalidade, não oficialmente declarada, foi impedir a expansão soviética na Europa. Movidos por esse motivo, os EUA e o Canadá juntaram-se às potências do Tratado de Bruxelas (França, Bélgica, Reino Unido, Holanda e Luxemburgo), à Itália, Portugal e a três países escandinavos (Dinamarca, Noruega e Islândia), para criar a nova Organização. A Suíça e a Irlanda, alegando sua neutralidade, não integraram o grupo. Tudo isso fez da OTAN uma entidade quase-regional, embora criada com base no disposto no art. 52 da Carta da ONU, pois admitiu, em seu seio, Estados não diretamente vizinhos. Além disso, na ocasião, Portugal não era membro das Nações Unidas e a Itália era um Estado ex-inimigo, durante a Segunda Guerra Mundial.

Quanto ao problema da vizinhança, Kelsen observou que a proximidade geográfica não é o único fundamento que motiva acordos dessa natureza. Válida, também, a reunião de Estados possuidores de interesses comuns na defesa coletiva. No tocante à presença de Estados não-membros da ONU, concluiu ele que a Carta não veta a possibilidade de um acordo regional firmado por Estados-Membros com Estados não-membros (art. 52, § 1º). Finalmente, no que se refere à presença de um Estado ex-inimigo, considerou que este foi assim definido pela Carta de São Francisco (art. 53, § 2º), apenas, pela situação existente durante a Segunda Guerra Mundial, independentemente, pois, dos acontecimentos ulteriores.

Os princípios contidos no preâmbulo do acordo lembram os do Tratado de Bruxelas (democracia, liberdade individual e respeito ao Direito), todos, reafirmados, um mês depois, no Estatuto do Conselho da Europa. Seus arts. 1º e 2º se referem à solução pacífica de controvérsias, ao desenvolvimento de relações amistosas e à colaboração econômica. Vêm, então, as disposições de caráter militar, comuns, aliás, a todas as organizações de natureza regional ou quase-regional. São as de que o ataque armado a uma ou mais partes contratantes será considerado um ataque contra todas elas que, isoladamente, ou em grupo, assistirão os ofendidos, inclusive, por meio do uso da força armada (art. 5º). Este dispositivo, como se denota, está em consonância com o contido no art. 51 da Carta das Nações Unidas, no que toca à legítima defesa individual ou coletiva, no sentido de restaurar e manter a paz — não em termos internacionais, o que seria de competência da própria ONU — mas em termos regionais, no caso, os países do Atlântico Norte. Inclusive, no que tange à comunicação do incidente ao Conselho de Segurança, conforme previsto, tanto no Tratado em questão, como na Carta de São Francisco.

Uma vez mais seria objeto de discussão a natureza do Tratado do Atlântico Norte, não propriamente um acordo regional, mas quase-regional, não exatamente dentro do previsto nos arts. 52, 33 e 54 da Carta da ONU. Seu art. 6°, porém, ao mencionar eventuais hipóteses de ataque armado sobre o território das partes contratantes, especifica os seus territórios na Europa e na América do Norte, os departamentos argelianos da França, as ilhas sob a jurisdição de todos eles, e navios e aeronaves encontrados na área. E quando a Grécia e a Turquia aderiram à OTAN, em 1952, foi assinado um Protocolo de Acessão, que estendeu a área orginária. Alie-se este detalhe (geográfico) a outro (jurídico), previsto no art. 7°, que prevê que o tratado não afetará, de forma alguma, os direitos e deveres das partes, previstos na Carta das Nações Unidas.

A estrutura da OTAN compreende um Conselho (art. 9°), onde todos os Estados-Membros se encontram representados, organizado de maneira a se reunir imediatamente, quando necessário, além das suas reuniões ministeriais, que se efetivam duas vezes por ano. Conta, ainda, a Organização, com uma Comissão de Defesa; com um Secretariado e os seguintes Comandos Militares: Comando Supremo Aliado do Atlântico, com sede nos EUA; Comando Supremo Aliado da Europa, com sede, primeiro na França, e, hoje na Bélgica; Comando Aliado da Mancha, com sede na Inglaterra: e Comando das Forças Aliadas na Europa Central, com sede na Holanda.

Em 1955, houve a adesão à OTAN da então Alemanha Ocidental, ano, aliás, em que o grupo soviético criou o Pacto de Varsóvia, para lutar contra a penetração norte-americana na Europa, defendendo, concomitantemente, os interesses da então Alemanha Oriental. Hoje, o Pacto de Varsóvia encontra-se extinto e seus próprios membros, paradoxalmente, integram a OTAN. Esta, por sua vez, sem perder seu caráter militar, reforçou sua estrutura político-estratégica, agindo, na prática, de modo muito mais direto (sem vinculação mais rígida à ONU), como se denota na atual problemática da ex-Iugoslávia.

União Européia Ocidental (UEO)

A União Européia Ocidental (UEO ou WEU) originou-se do Tratado de Bruxelas, concluído pela França, Reino Unido, Bélgica, e Luxemburgo, para um período de cinqüenta anos, com econômicos, sociais, culturais e de defesa coletiva (preâmbulo e arts. 1º, 2º e 3º). Foi prevista a criação de um Conselho Consultivo (art. 7º) composto dos Ministros das Relações Exteriores dos Países-Membros, destinado a funcionar ininterruptamente e a se reunir, de modo imediato, em qualquer hipótese de ameaça à paz. Há, aqui, também, um dispositivo (art. 4º) determinando que qualquer agressão a um Estado-Membro da União exigirá a imediata assistência dos demais membros, nos termos do art. 51 da Carta da ONU.

Isto levou à criação da Comunidade Européia de Defesa (CED), por meio de um tratado assinado em Paris, em 1952, pela França, ex-Alemanha Ocidental, Bélgica, Itália, Holanda e Luxemburgo. Sua finalidade era reforçar o sistema de assistência recíproca em casos de agressão, mas, rejeitado pelo parlamento francês, esse tratado não entrou em vigor. Por isso, em 1954, em Londres, se instituiu a UEO, mediante um protocolo assinado pela Bélgica, França, ex-Alemanha Ocidental, Itália, Luxemburgo, Holanda e Reino Unido. Houve, na realidade, protocolos. O primeiro modificou e complementou o

Tratado de Bruxelas. O segundo tratou das forças armadas da UEO. O terceiro e o quarto, de controle de armamentos.

A UEO também possui uma Assembléia (art. 5° do novo texto) competente para discutir o relatório anual do Conselho, principalmente, no tocante ao controle de armamentos, e para emitir pareceres e fazer recomendações. É constituída pelos representantes dos Paíse-Membros na Assembléia do Conselho da Europa.

Pacto de Varsóvia

O Pacto de Varsóvia ou Tratado da Amizade, Cooperação e Assistência Mútua, de 1955, foi a réplica socialista à OTAN. Sua finalidade precípua era, impedir a penetração norte-amencana na Europa Oriental. Foi firmado pela ex-URSS, Bulgária, Hungria, Romênia, Albânia, Polônia, Tchecoslováquia e ex-Alemanha Oriental. Comprometeram-se partes signatárias a se abster, em suas relações internacionais, da ameaça ou uso da força, resolvendo seus problemas externos por meios pacíficos (art. 1°), com base na cooperacão (art. 2°), redução de armamentos (art. 3°) e assistência coletiva (art. 4°). Da mesma forma como ocorreu com tratados semelhantes (OEA e OTAN), a agressão a um Estado-Membro importância em agressão a todos os demais. Daí o estabelecimento de um Comando Conjunto para suas forças armadas (art. 5°).

Seus órgãos principais eram o Comitê Político Consultivo, formado por representantes de todos os Estados-Membros e seus órgãos auxiliares, um Secretariado e uma Comissão Permanente, pois o Pacto de Varsóvia foi extinto em 1991.

3. Organizações Asiáticas

Organização do Tratado do Sudeste da Ásia (OTASE)

A Organização do Tratado do Sudeste da Ásia (OTASE ou SEATO) também foi criada com base no art. 52 da Carta da ONU. Entretanto, como ocorreu com a OTAN, não é um órgão regional autêntico, pois, embora se destine ao Sudeste asiático, conta com a presença dos EUA. A Organização emanou do Pacto de Manila, de 1954, assinado pelas Filipinas, Tailândia, Reino Unido, Austrália, Nova Zelândia, França e EUA. Nota-se a ausência do Vietnam. Entretanto, a intervenção norte-americana nesse país teve por base os princípios contidos nessettado, conforme o art. 4º. É que esse dispositivo permite tomem as partes contratantes as medidas que julgarem necessárias, em casos de agressão, por meio de ataque armado, em duas hipóteses. A primeira, contra qualquer uma delas e a segunda, contra qualquer Estado ou território que elas próprias, unanimemente elegerem, se houver ameaça à sua paz ou segurança.

Sendo um Pacto de Assistência Mútua, a OTASE também visava à segurança coletiva dos Estados-Membros e a solução pacífica das controvérsias internacionais (art. 1º). Seus órgãos principais eram o Conselho, a Comissão Militar, a Comissão de Cooperação Econômica, Comissão de Luta Contra a Subversão e o Secretariado, pois a OTASE foi extinta em 1997.

Associação de Estados do Sudeste Asiático

A Associação de Estados do Sudeste Asiático compreende a Malásia, Filipinas, Tailândia e Indonésia. Também visa à segurança coletiva para o Sudeste da Ásia. Seus árrãos principais são a Conferência a Reunião de Ministros das Relações Exteriores, o Comitê Permanente e a Secretaria Geral.

Organização do Tratado Central (CENTO)

A Organização do Tratado Central (CENTO) foi criada em 1955, por meio do Pacto de Bagdá, concluído entre a Turquia e o Iraque, visando à segurança e à defesa dos Países-Membros, também com base no disposto na Carta da ONU. Posteriormente, aderiram ao Pacto o Reino Unido, o Paquistão e o Irã. Em 1959, ocorreu a saída do Iraque, ocasião em que o Pacto de Bagdá passou a se chamar Organização do Tratado Central. Geograficamente, a área coberta pelo CENTO ficava compreendida entre a ocupada pela OTAN e pela OTASE. Seus órgãos principais eram o Conselho Permanente e a Secretaria, pois o CENTO foi extinto em 1979.

Organização de Segurança e Assistência entre a Austrália, Nova Zelândia e EUA (ANZUS)

Esta Organização, também chamada Tratado de Segurança do Pacífico, conhecida pela sigla ANZUS (A: Austrália; NZ: Nova Zelândia; US: EUA), foi criada em 1951. Sua finalidade também foi a defesa coletiva dos Estados-Membros, além da coordenação da política dos mesmos. Seu objetivo precípuo, porém, foi a defesa dos países ocidentais contra eventuais agressões da ex-URSS e da China Comunista. Todas as medidas que vierem a ser tomadas pelos Estados-Membros serão imediatamente comunicadas ao Conselho de Segurança das Nações Unidas. E só terminarão quando este chamar a si a solução do problema, nos termos da Carta de São Francisco. Seus órgãos principais são o Conselho de Ministros das Relações Exteriores, que se reúne, pelo menos, uma vez por ano; o Conselho de Técnicos Militares e o Secretariado.

Conselho de Cooperação com Estados Árabes do Golfo

Esta Entidade foi criada em 1981, com sede em Riad. Compreende Arábia Saudita, Kuwait, Emirados Árabes, Bahrein, Oman e Quatar. Seus órgãos são o Conselho Supremo, o Conselho Ministerial, o Secretariado e um Órgão para Solução de Litígios. Sua finalidade é dupla: segurança e desenvolvimento (econômico).

4. Organizações Africanas

União dos Estados Africanos

Esta Entidade tem por objetivo a luta contra o colonialismo africano e a defesa do pan-africanismo. É formada pela Guiné, Gana e Mali. Possui diversos Comitês — político, cultural e econômico — para a efetivação de seus objetivos.

Organização Comum Africana-Malgache

Esta Organização foi criada em 1966 e substituiu a antiga União Africana e Malgache, de 1959. Sua finalidade também é a defesa dos Estados africanos contra o colonialismo. Seus órgãos principais são a Conferência de Chefes de Estado e de Governo, o Conselho dos Ministros e o Secretariado Geral Administrativo.

Organização da Unidade Africana (OUA)

A Organização da Unidade Africana (OUA) é, sem dúvida, a mais importante de todas elas. Foi criada em 1963, quando da assinatura da Carta da Unidade Africana, em Adis-Abeba, na Etiópia. Seus objetivos principais (art. 2°) são fortalecer a unidade solidariedade dos Estados africanos; coordenar e intensificar colaboração entre eles; a defesa de sua soberania e integridade territorial; a erradicação de todas as formas de colonialismo do continente africano; e promover a cooperação internacional, com base na Carta da ONU e na Declaração Universal dos Direitos do Homem. Reza o art. 4° da Carta que todo Estado africano independente pode tornar-se membro da Organização. Seus órgãos principais são (art. 7°) a Conferência dos Chefes de Estado e de Governo, o Conselho de Ministros, a Comissão de Conciliação, Mediação e Arbitragem e o Secretariado Geral.

A Conferência é o órgão supremo da OUA. Compõe-se dos chefes de Estado e de governo dos países-membros. Reúne-se, ordinariamente, pelo menos uma vez por ano, podendo-se reunir extraordinariamente. Cada Estado-Membro dispõe de um voto, decisões são tomadas por maioria de dois terços dos Estados-Membros, requerendo, as questões processuais, maioria simples (arts. 8°, 9° e 10).

O Conselho compõe-se dos Ministros das Relações Exteriores de outros Ministros, designados pelos governos dos Estados-Membros. Reúne-se pelo menos duas vezes por ano, podendo reunir-se extraordinariamente. Cada Estado-Membro dispõe de um voto e as decisões são tomadas por maioria simples (arts. 12 e 14). Já a Comissão, destina-se a resolver as controvérsias dos Estado-Membros, por meios pacíficos (art. 19). O Secretariado Geral compreende o Secretário Geral Administrativo, que dirige os trabalhos do órgão, Secretários Gerais Adjuntos e outros funcionários (arts. 16, 17 e 18). Além disso, conta a OUA com diversas comissões especializadas (art. 20), tais como, a Comissão Econômica e Social, a Comissão de Educação e Cultura, a Comissão de Saúde, Higiene e Alimentação, a Comissão de Defesa e a Comissão Científica, Técnica e de Pesquisa.

5. Liga dos Estados Árabes

A Liga dos Estados Árabes ou Liga Árabe (LEA), foi criada em março de 1945, sendo, pois, anterior a ONU. Compreende países africanos e asiáticos: Síria, Jordânia, Arábia Saudita, Egito, Iêmen, Líbano e Iraque, como membros originários, além da Líbia, Sudão, Marrocos, Tunísia, Argélia e Kuwait, que a ela aderiram. Sua finalidade é a de coordenar as atividades políticas dos Estados-Membros no sentido de salvaguardar sua soberania e alcança estreita colaboração entre eles. Visa, também, a uma cooperação em termos econômicos, financeiros, comerciais, culturais e sanitários (art. 2°). Seus órgãos principais são o Conselho, composto de representantes de seus membros, tendo cada Estado um voto, independente do número de seus representantes (art. 3°); Comissões Especializadas Permanentes (art. 4°); e a Secretaria Geral Permanente, composta de um Secretário Geral, Secretários-Assistentes e funcionários (art. 12).

Em caso de agressão ou ameaça de agressão por um Estado contra um Estado-Membro, o agredido ou ameaçado pode requerer uma reunião imediata do Conselho, que determinará as medidas necessárias para repelir a agressão ou evitar sua efetivação (art. 6°). Aí está implícito o objetivo precípuo da Liga, a defesa dos interesses dos Estados Árabes contra seu inimigo comum, Israel. Conta, ainda, a LEA com o Banco de Desenvolvimento Árabe, a União Postal Árabe e a Organização Árabe do Trabalho.

Capítulo III
OUTRAS ORGANIZAÇÕES

1. Noções Gerais

Há determinadas Organizações que não são, efetivamente, regionais, pois se encontram disseminadas por diversos países e continentes. Sua importância econômica é, nos dias atuais, muito grande. Não deixam de ter, também, importância política, pois lidam com determinados produtos de base, essenciais à coletividade internacional. É o caso das Organizações Internacionais do Açúcar, do Trigo, do Estanho, do Petróleo e do Café. Regra geral, possuem um Conselho onde todos os Estados-Membros se encontram representados. As duas últimas Petróleo e Café, merecem destaque especial, ao lado, hoje, da **Organização Mundial do Comércio (OMC)**.

Organização dos Países Exportadores de Petróleo (OPEP)

A Organização dos Países Exportadores de Petróleo (OPEP) surgiu em 1960 e tem sede em Viena. Seus objetivos são a estabilização do preço do petróleo e o aumento rental dos países exportadores o que tem ocasionado sérias preocupações aos países importadores em termos de aquisição e consumo. Contribuiu, negativamente, para o aumento do custo de vida mundial e da inflação, o que levou a uma política de restrição por parte dos governos, tanto de países desenvolvidos, como subdesenvolvidos, não produtores de petróleo. Seus órgãos principais são a Conferência, uma espécie de Assembléia Geral, que possui uma Conissão Econômica Permanente, o Conselho e o Secretariado.

A Organização Internacional do Café (OIC)

A Organização Internacional do Café (OIC) visa ao estabelecimento de um sistema de quotas de exportação. Sua sede é em Londres. Em 1962 foi firmado um Convênio Internacional do Café, previsto em 1968 e substituído pelo de 1976, aprovado pela Resolução n° 287 da OIC, compreendendo um preâmbulo e dez capítulos. Reconhecem as partes signatárias a conveniência de evitar, entre a produção e o consumo, qualquer desequilíbrio capaz de provocar acentuadas flutuações de preços, prejudiciais tanto a produtores, como a consumidores. Admitem, paralelamente a necessidade de fomentar, por todos os meios legais possíveis, o consumo mundial do café. Seus órgãos principais são o Conselho Internacional do Café e a Junta Executiva, contando com um Diretor Executivo e funcionários.

O Conselho é o seu órgão supremo e compreende todos os Estados-Membros. Possui poderes explícitos e poderes implícitos, necessários à consecução dos objetivos do convênio, conforme observa Celso Lafer. Entre suas competências indelegáveis, estão a aprovação do orçamento da Organização, a fixação das contribuições dos membros, e a capacidade de decidir sobre litígios. A Junta Executiva funciona sob a direção geral do Conselho, podendo exercer todos os poderes daquele órgão, com exceção dos indelegáveis, nunca deferidos. Compreende oito membros de países importadores e oito membros de países exportadores, eleitos em cada ano cafeeiro. O Diretor Executivo é designado pelo Conselho, mediante recomendação da Junta, sendo o principal funcionário administrativo da OIC. Goza a Organização de inúmeros privilégios e imunidades, tais como a inviolabilidade de seus arquivos e dependências, imunidade de jurisdição e isenção fiscal, além de total liberdade de comunicação. Tais privilégios e imunidades se aplicam, regra geral, a todos os seus funcionários e aos representantes dos países-membros, durante o exercício de suas funções.

Organização Mundial de Turismo

A Organização Mundial de Turismo foi criada em 1974, tem sede em Madri e possui como órgãos uma Assembléia Geral, um Conselho Executivo e uma Secretaria.

2. Organização Mundial do Comércio (OMC)

O Acordo Geral de Tarifas e Comércio (GATT), foi o precursor da OMC. O GATT foi criado em 1947 pelos mesmos Estados que estavam empenhados, na ocasião, no estabelecimento de uma Organização Internacional do Comércio. Observa Celso Albuquerque Mello que o GATT é um Acordo (e não uma Organização) e, também, que não pertencia, exatamente, ao contexto da ONU, entidade com a qual, porém, mantinha estreitas relações. A citada Organização Internacional do Comércio não chegou a iniciar suas atividades, em face do sucesso alcançado pelo GATT no setor do comércio internacional, baixando e estabilizando as tarifas vigentes nos Países-Membros, a partir de 1948. A OIC, cuja criação foi negociada em Londres, em 1946, a formalização em 1948, por meio da Carta de Havana, tinha alcance muito maior que o do GATT, tanto que este não abordou alguns temas a que se propunha aquela Organização. Entre estes, temos emprego e atividade econômica, desenvolvimento econômico e reconstrução e prática restritivas de negócios e acordos intergovernamentais de produtos primários.

Os propósitos do GATT compreendiam estabelecimento e a manutenção de um Sistema de Comércio mais livre e não discriminatório; a promoção do pleno emprego; o aumento do padrão de vida e, enfim, o desenvolvimento do comércio internacional, conforme se lê no preâmbulo da Convenção que o criou. Quanto à sua estrutura o GATT, nos termos do seu Acordo, apresentou quatro partes distintas. A Parte I (arts. I e II) estudou tratamento geral da nação mais favorecida (funcionamento multilateral da cláusula de igual nome e uma lista de concessões; provisões sobre concessão de tarifas). A Parte II (arts. III a XXIII) compreendeu código substantivo de comportamento comercial do GATT. A Parte III (arts. XXIV a XXXV) enumerou procedimentos sobre funcionamento do Acordo, além de provisões de caráter substantivo, como reuniões aduaneiras e zonas de livre câmbio. A Parte IV se ocupou do comércio e desenvolvimento, com base nas reivindicações dos países subdesenvolvidos. Tais reivindicações o GATT tanto que, por meio do Kennedy Round, de 1964 a 1967, foram estudadas as dificuldades de acesso às negociações dos países subdesenvolvidos (periféricos), quando se cogitou de uma redução multilateral dos entraves no comércio internacional por pane desses países.

Atuou o GATT através de Rodadas *(Rounds)* periódicas de negociações entre as partes contratantes para a consolidação de concessões comerciais ou através de negociações bilaterais para a modificação o retirada de concessões já consolidadas. É o que ocorreu nas Rodadas Anney (1949) Torquay (1950-1931), Dillon(l960-1962), Kennedy (1964-1967), Tóquio (1973-1979) e Uruguai (1986-1994), com o Acordo de Marrakesh. É então criada o GATT/94 (que sucede ao GATT/47) com o estabelecimento da Organização Mundial do Comércio (OMC) — entidade de cooperação (com detalhes de Integração) totalmente desvinculada da ONU.

A OMC tem por função facilitar a execução dos vários acordos multilaterais (e plurilaterais constantes dos quatro Acordos do Quarto Anexo da Entidade), servindo de foro para as negociações comerciais de seus membros. Sua estrutura organizacional compreende Conferência, Conselho e Secretariado. A Conferência Ministerial é o órgão máximo da OMC, com total poder de decisão (Cingapura/96, Genebra/98, Seatle/99, Doha/01, Cancun/03). O Conselho Geral envolve o GATT, GATS, TRIMS e TRIPS — Bens, Serviços, Investimentos e Propriedade Intelectual — contêm vários Comitês (Comércio e Desenvolvimento, Comércio e Meio Ambiente, Compras Governamentais, etc.), Grupos de Trabalho e Órgãos (de Solução de Controvérsias e de Revisão de Política Comercial), valendo ressaltar os Conselhos sobre Comércio de Bens e de Serviços, *inter alia*, Comitês sobre Agricultura, Medidas Sanitárias e Fitossanitárias, Práticas, *Antidumping*, Salvaguardas, Regras de Origem, Compromissos Específicos, Comércio de Serviços Financeiros e vários Grupos de Trabalho. O Secretariado é comandado por um Diretor Geral.

Tudo isso é necessário para que a OMC possa operar positivamente, administrar o *understanding* relativo ao Órgão de Soluções de Controvérsias (OSC) e o Mecanismo de Revisão de Políticas Comerciais, que importa em revisões periódicas, frente ao dinamismo das regras de comércio internacional. É que a OMC visa o desenvolvimento do Comércio Internacional e a harmonização do Direito do Comércio Internacional. No primeiro caso, temos a circulação internacional de bens, de serviços e de pagamentos, além das parcerias empresariais, com o surgimento de novos institutos jurídico-mercantis, a exemplo da *joint-ventures*. No segundo caso, regras que compõem a *Nova Lex Mercatoria* e sua compatibilização com os direitos internos dos Estados, pela contribuição do UNIDROIT e da UNCITRAL, com vistas à preservação dos cânones do livre-câmbio contra o protecionismo.

As decisões da OMC são por consenso, que, não obtido, cederá lugar ao voto da maioria simples ou da maioria qualificada, estas, em questões da maior importância. A OMC materializou, no plano jurídico, o Princípio da

Globalidade (*Single Undertaking*), constante da Rodada Uruguai e complementada pela Rodada Marraquesh, que significa aceitação dos acordos da Organização como um todo indissociável, o que, por outro lado, pode dificultar a solução de questões pontuais. Criou, paralelamente, um Sistema de Negociações Permanentes, em substituição às Rodadas Periódicas (Rodadas Dillon, Kennedy, Tóquio, Uruguai, Marrakesh), admitindo, o Acordo, Emendas, Adesão e Denúncia, e proibindo reservas, salvo as constantes de seus Anexos.

Tudo começou em 1947, com o GATT, quanto ao comércio de bens, em quatro partes. A primeira trata da Cláusula de Nação mais Favorecida e de Listas de Concessões. A segunda, *inter alia*, de *antidumping*, direitos compensatórios e subsídios. A terceira, de zona de livre comércio e união aduaneira. E a quarta, de comércio e desenvolvimento de Compromissos (diminuição ou extinção de gravames comerciais pelos países ricos e aumento das importações e exportações dos países pobres); e de ação coletiva (acordos internacionais que beneficiem os países em desenvolvimento). O GATT/94 consiste nas disposições do GATT/47 e de instrumentos legais posteriores, mas anteriores ao Acordo da OMC, protocolos, decisões e entendimentos como os referentes a balanço de pagamentos (medidas restritivas sobre importações, consultas, notificações), a derrogações de obrigações (*Waivers*) e interpretação dos artigos do Acordo/94: art. XXIV (áreas de livre comércio e uniões aduaneiras); art. II, 1 (registro de direitos a encargos relativos a todas consolidações tarifárias); art. XVII (atividades das empresas estatais que realizam comércio quanto à compatibilidade das medidas governamentais que afetem a importação e a exportação por comerciantes privados); e art. XXVIII (retirada ou modificação de concessão), num total de 28 artigos, tratando de Cláusula de Nação mais Favorecida, de tributação, de direitos de importação e de exportação, de listas de concessões, de *antidumping* à importação, de tráfico fronteiriço e de consultas.

O GATS compreende serviços financeiros, telecomunicações, transportes aéreos e marítimos, movimento de pessoas físicas prestadoras de serviços, acesso a mercados, cooperação técnica, etc. O comércio de serviços compreende a prestação de um serviço do território de um Membro ao território de outro Membro; no território de um Membro aos consumidores de serviços de outro Membro; pelo prestador de serviços de um Membro, por meio da presença comercial, no território de outro Membro; e pelo prestador de serviços de um Membro, por meio da presença de pessoas naturais de um Membro no território de qualquer outro Membro. Tais medidas envolvem governos, autoridades centrais, regionais e locais e órgãos não-governamentais, estes, através de delegação de poderes, tanto com relação a países centrais, como a países periféricos, no sentido de expandir suas exportações e de fortalecer sua competitividade. No GATS (serviços), ao contrário do GATT (bens), vem sendo adiada a implementação de salvaguardas emergenciais, que suspendem temporariamente os compromissos assumidos em caso de ameaças ou de prejuízo. São vários os problemas, como a inexistência de dados estatísticos precisos, as particularidades dos serviços (médicos — financeiros — telecomunicações) e a retenção de rendimentos, o que exige a setorialização das negociações de salvaguardas.

As medidas de investimentos relacionadas ao comércio (TRIMS) compreendem, apenas, o comércio de mercadorias, excluindo o de serviços, o que favorece os países periféricos, por motivos tecnológicos. Cuida, *inter alia*, de transparência, de solução de controvérsias, do tratamento nacional e de restrições quantitativas, onde apresenta uma lista ilustrativa de TRIMS incompatíveis: a) Com a obrigação de tratamento nacional prevista no art. III parágrafo 4 do GATT/94 (aquisição ou utilização de produtos de origem nacional e de produtos importados); b) Com a obrigação de eliminação das restrições quantitativas previstas no art. XI parágrafo 1 do GATT/94 (importação de produtos, por uma empresa, utilizados em sua produção local ou a ela relacionados, além de exportação, por uma empresa, de determinados produtos, em termos de volume ou valor).

A proteção do comércio internacional e dos direitos de propriedade intelectual compete ao TRIPS, através de novas regras, princípios, padrões, meios, procedimentos e disciplinas, para reduzir tensões comerciais e atender às necessidades especiais dos países em desenvolvimento. Baseia-se na cooperação técnica no plano internacional, mantendo as normas constantes da Convenção de Paris/67, Convenção de Roma/61, Convenção de Berna/71 e Tratado sobre a Propriedade Intelectual em Matéria de Circuitos Integrados/89. Compreende Direitos de Autor e Direitos Conexos, Marcas, Patentes, Indicações Geográficas, Desenhos Industriais e Controle de Práticas de Concorrência Desleal, inclusive prevenção e solução de controvérsias. Estabelece estrita cooperação entre OMC e OMPI, por meio de normas substantivas, adjetivas (de procedimento) e de resultados (complementares de procedimento).

O TRIPS é detalhista na Aplicação de normas de Proteção dos Direitos de Propriedade Intelectual (Parte III), com remédios civis e administrativos, como indenizações, informações e compensações; determinando medidas cautelares, inclusive, *inaudita altera parte*; e impondo exigências especiais relativas a medidas de fronteira: suspensão de liberação pelas autoridades alfandegárias, caução, inspeção e procedimentos penais (multa e prisão). Deteve-se no problema da transparência (Parte V: Solução de Controvérsias) cuidou dos interesses dos países desenvolvidos, cuidou dos interesses dos países em desenvolvimento e dos países de menor desenvolvimento relativo no Preâmbulo, no Texto, em geral, na Parte VI —(Disposições Transitórias) e na Parte VII (Disposições Institucionais e Disposições Finais). Cuidou, finalmente, de Consultas, de Emendas e de Revisão, com fundamentos em Princípios Básicos.

Maristela Basso enumera os oito Princípios Gerais do TRIPS, sendo que o último sugere a Revisão do Acordo: *Single Undertaking*, já mencionado, base de lógica estrutural dos Acordos Comerciais Multilaterais da OMC; *Tratamento Nacional* (não menos favorável aos nacionais dos países membros que o outorgado a seus nacionais); *Nação mais Favorecida* (vantagem concedida aos nacionais de um País Membro será outorgado aos nacionais dos demais Membros); *Esgotamento Internacional dos Direitos* (o direito de exclusão comercial do titular do direito de propriedade intelectual se exaure ao introduzir o bem patenteado ao comércio ou ao permitir que terceiro o faça); *Transparência* (de normas relativas à matéria objeto do Acordo); *Cooperação Internacional* (assistência mútua); *Interação entre Tratados sobre a Matéria* (respeito às Convenções de Paris, Berna, Roma, etc.); e *Interpretação Evolutiva* (adequação do Acordo a novos e relevantes fatos e incorporação, pelas partes, em uma legislação nacional, do Constante no Acordo TRIPS), o que, em razão da própria *evolução*, importa em *revisão*.

Outra observação quanto ao TRIPS está em que as expectativas da Rodada Uruguai não foram totalmente cumpridas, para enfrentar a competição internacional em termos dos interesses dos países periféricos, a exemplo da qualificação da mão-de-obra, o que remete à revisão dos Acordos da OMC e à releitura do princípio da reciprocidade, daí o questionamento de Welber Barral, pois as promessas de liberalização comercial não ocorreram e novos problemas surgiram, especialmente, no plano do meio ambiente. O aumento dos fluxos comerciais apregoado pelo G-7 não favorece a todas as economias nacionais participantes, e sim aos países centrais, enquanto, na OMC, mais de cem membros são países periféricos, embora favorecidos por novas regras (não-reciprocidade e cláusula de habilitação). Além disso, a não-reciprocidade apresenta sinais de esgotamento (competição entre emergentes e concessões vinculadas a requisitos políticos ou comerciais), que dificultam a exportação dos Periféricos aos Centrais, nos setores em que aqueles (os Periféricos) detêm maiores vantagens comparativas, mas em que estes (os Centrais) impõem tarifas diferenciadas e os mantêm simples produtores primários.

Outra observação incide sobre a flexibilidade do Sistema Internacional de Patentes, que segundo Bárbara Rosenberg, comporta a análise de quatro itens básicos, conforme estudo que apresentei em Encontro sobre Comércio Internacional e Desenvolvimento: Enquadramento das salvaguardas do TRIPS nos fundamentos do sistema patentário internacional; Fundamentos, princípios e fins do TRIPS; Análise das salvaguardas do TRIPS previstas para limitação dos direitos de detentores de patentes; Exploração e manutenção das flexibilidades do âmbito internacional (o patamar mínimo do TRIPS). Esses quatro itens referem-se, diretamente, a acesso a medicamentos, mas podem ser aplicados às patentes, em geral, no âmbito do comércio internacional, pois se trata de flexibilização que defende os direitos dos países em desenvolvimento.

Assim, partindo-se do pressuposto de que diferentes níveis de proteção criam barreiras para o comércio num mundo globalizado e de que diferente desenvolvimento tecnológico conduz a diferente desenvolvimento econômico, são previstas salvaguardas para mitigar determinados direitos exclusivos de titulares de patentes, tais como: Exclusão de alguns elementos de patenteabilidade (art. 27,3), que envolvem métodos para o tratamento de seres humanos; e possibilidade do uso da patente sem a autoridade do titular (art. 31), por meio de licença compulsória, para favorecer países em desenvolvimento.

Os fundamentos, princípios e fins do TRIPS visam impedir que a propriedade intelectual seja utilizada como uma BNT (barreira não-tarifária) ao comércio, com vistas ao estabelecimento de um patamar mínimo de proteção aos direitos de propriedade intelectual nos aspectos que afetem o comércio, difundindo a tecnologia e promovendo o bem-estar econômico e social. As salvaguardas do TRIPS visam exceções aos direitos do titular da patente, compreendendo o regime de exaustão internacional de direitos (art. 6º); licença compulsória (art. 31); e limitação de direitos em razão de práticas anti-competitivas (art.40). Já o patamar mínimo do TRIPS (no texto do Acordo e em sua aplicação) leva em conta decisões do OSC, Reuniões do Conselho e a Declaração de Doha, impondo cautela aos países periféricos na manutenção da flexibilidade resultante do abrandamento da proteção aos titulares de patentes, na OMC, evitando patamares tipo TRIPS-PLUS e de acordos regionais assimétricos impostos, em geral, pelos países centrais.

Há de se considerar, também, o elemento tecnologia, integrante da Nova Ordem Mundial, através da ação dos Estados, ao lado das Corporações Financeiras Internacionais (TNCs), no atual mundo integrado e globalizado. É o caso, por exemplo, examinado por Eduardo Biacchi Gomes e discutido em Doha/01, da questão das patentes médicas de relevante importância para os países periféricos, que não possuem tecnologia quanto a medicamentos, o que os coloca em posição negativa frente aos interesses dos grandes laboratórios mundiais. Ricardo Sichel, por sua vez, salienta a importância da tecnologia no TRIPS, quanto aos prazos de transição, aos padrões mínimos de proteção e à transferência de tecnologia. Trata-se do favorecimento a países em desenvolvimento e a países de menor desenvolvimento relativo. E no Brasil, a relevância do papel exercido pela tecnologia está presente na Constituição Federal (art. 5º, XXVII e XXIX), na

Lei nº 9279/96 (Lei da Propriedade Industrial), na Lei nº 9809/98 (Lei de Direito Autoral) e na Lei nº 9810/98 (Lei de Programas de Computador). Daí a caracterização da patente como um direito não absoluto, temporalmente limitado e territorialmente circunscrito, onde o interesse coletivo predomina sobre o interesse individual.

Temos, finalmente, o problema da revisão do TRIPS. Tal assertiva obedece ao disposto no próprio Acordo (Preâmbulo, Parte III e Parte VI) quanto a salvaguardas (art. 41) e flexibilização (art. 66), com vistas à redução de distorções comerciais, merecendo destaque a interpretação evolutiva — um dos Princípios Gerais do Acordo — sugerindo sua revisão (arts. 65 e 71) após o prazo de transição (quatro anos), por mais dois anos e subseqüentemente, em idênticos intervalos, se ocorrerem novos e relevantes fatos. A Agenda da Rodada Uruguai, porém, não foi planejada e nem integralmente executada visando os interesses dos países periféricos em termos de qualificação de mão-de-obra, problemas ambientais, dificuldades de exportação, esgotamento do princípio da não-reciprocidade e mecanismos negativos de transferência tecnológica dos países centrais aos periféricos.

SEGUNDA PARTE
DIREITO DE INTEGRAÇÃO

Capítulo I

INTEGRAÇÃO OCIDENTAL
(Americana e Africana)

1. Noções Gerais

O Direito é instrumento do Poder, alertou Celso de Albuquerque Mello. Endosso tal assertiva, que, a meu ver, abrange o Poder-Influência (Aron), o Poder-Dominação (Morgenthau), o Poder-Imposição (Weber) e o Poder-Prestígio (Maritain). Logicamente, em se tratando do Direito Internacional, sua construção encontra-se vinculada ao contexto no qual ele se inscreve — observa Paulo Casella — razão por que, hoje, ele ultrapassou os limites do estrito estatismo, abrangendo novos atores, a despeito da ênfase ainda outorgada ao Estado-Nação.

A Ordem Mundial Clássica fundamentou-se exclusivamente no Estado-Nação, no *Pacta Sunt Servanda* e no Direito Internacional historicamente aceito (Público e/ou Privado). A Nova Ordem Mundial contudo, enfatiza, também, as Organizações Internacionais (de Cooperação e de Integração), o Homem, as Corporações Financeiras Transnacionais (TNCs) e as Organizações Não-

Governamentais (ONGs), unindo o *Pacta Sunt Servanda* à *Rebus Sic Stantibus* e à *Cláusula Hardship*, relacionando o Direito Internacional (Público e/ou Privado) ao Direito Transnacional (Global) e ao Direito Supranacional (Comunitário).

A cooperação internacional, para resolver problemas de caráter econômico, social, cultural ou humanitário e para estimular o respeito aos direitos humanos fundamentais, é um dos propósitos das Nações Unidas, conforme reza o art. 1º, 3, da Carta de São Francisco. Esta, em seu Cap. IX, trata da Cooperação Econômica e Social Internacional, de onde advém um autêntico Direito Internacional de Cooperação, também conhecido como Direito Internacional Econômico ou Direito do Desenvolvimento. A cooperação econômica e social internacional prevista na Carta de São Francisco não visa, porém, à integração, de natureza essencialmente econômica, mas sempre regional, numa linha comunitária (e não societária), adotada pelos membros do grupo, conforme adverte Karl Deutsch.

É por isso que, seu art. 55, ao repetir, ampliando, o disposto em seu art. 1º, 3, menciona a solução dos problemas internacionais econômicos, sociais, culturais, educacionais, sanitários e conexos; o respeito universal e efetivo dos direitos da pessoa humana e o favorecimento dos mais altos níveis de vida, do trabalho efetivo e das condições de progresso e desenvolvimento econômico e social. Isto gera um comprometimento solene dos Estados-membros da Organização (art. 56) por meio da Assembléia Geral e do ECOSOC (art. 6º) e suas diversas entidades especializadas (arts. 57, 58 e 59), criadas por acordos intergovernamentais, tais como a FAO, UNESCO, OIT, OMS e outras.

O Direito Internacional de Cooperação tende a um Direito de Integração, observa Celso Lafer, quando o elemento cooperação atua em bases comunitárias regionais, num plano sensivelmente econômico, que não exclui — mas, ao contrário, aspira — a uma unidade política. Para Deutsch, os objetivos da Integração são o aumento das potencialidades dos Estados-membros, a realização de um determinado objetivo comum e a manutenção da paz. Os países interessados devem levar em conta problemas de importância recíproca, concessão de vantagens mútuas, certa identidade comum, valores básicos compatíveis e previsibilidade do comportamento dos outros.

Tudo isso faz da Integração um fenômeno fundamentalmente natural (comunitário — comunidade) e não artificial (societário = sociedade). E, paralelamente, gera o envolvimento de países desenvolvidos com países subdesenvolvidos, no plano econômico, pois ela é sempre acionada pelos governos dos primeiros, visando a uma aproximação com os governos dos segundos. Esse envolvimento econômico de países desenvolvidos com países subdesenvolvidos leva, inevitavelmente, em conta, suas atividades econômicas, pelas quais se realizam suas vidas econômicas. Uma análise acurada do problema nos acusa, entre outros, aspectos produtivos, sociais, políticos e jurídicos.

Como os Estados são nações organizadas jurídica e politicamente, i.e., entidades soberanas e com governos próprios, terão, na prática, de criar alguns princípios fundamentais à ordem jurídica internacional. Entre tais princípios, os mais importantes são o de efetividade, o de reciprocidade e o legitimidade. O princípio de efetividade é de fundamental importância na renovação do Direito Internacional, constituindo-se, conforme Charles de Visscher, na relação existente entre determinado fato e uma norma jurídica, i.e., entre uma norma e a realidade social. O princípio de reciprocidade envolve uma situação em que um Estado permite a outro um tratamento igual ou equivalente ao que esse outro Estado lhe garante ou promete. Hoje, a tendência é reivindicarem os países subdesenvolvidos um tratamento mais favorável do que a simples reciprocidade, porque são subdesenvolvidos e necessitam, portanto, de vantagens adicionais, de que não precisam os países desenvolvidos, o que já vem ocorrendo na OMC. O princípio de legitimidade, segundo Carl Schmitt, é a busca de valores existentes acima do Direito Positivo, como ocorre no plano da integração, cujo caráter, embora essencialmente econômico, comporta teleologicamente, uma unidade política.

O comércio internacional, que é a síntese das importações (consumos) e das exportações (produções), tem três faixas fundamentais: livre comércio, união aduaneira e mercado comum. Na primeira faixa (livre comércio), existe uma pauta comum apenas para os produtos (bens e serviços) dos membros do grupo. Na segunda faixa (união aduaneira), a pauta é comum não só entre estes, mas, também, com relação aos países com os quais eles comerciam. A faixa de livre comércio encontra-se, na prática, no NAFTA (Acordo Norte-Americano de Livre Comércio), que ensejará a ALCA (Associação de Livre Comércio das Américas) e na APEC (Asian Pacific Economic Cooperation), entre EUA, Japão e China. Já a terceira faixa (mercado comum), busca-se, além de tudo isso, uma união econômica, uma economia integrada, cujo escopo final, ainda não efetivamente atingido em sua plenitude, é uma unidade política, onde é sensível a noção de Poder. E é aí, precisamente aí, que entra em ação, no plano internacional, a Integração, cujo sucesso mais sensível foi alcançado na Europa Ocidental, com a União Européia. Temos, pois, a Integração Européia Ocidental (BENELUX, CECA, CEE hoje, UE, EURATOM e AELC) e Oriental (COMECOM); a Integração Americana (ALALC, hoje, ALADI; MCCA, CARICOM, Grupo Andino, SELA, NAFTA e MERCOSUL); e a Integração Africana (UDEAC, OERS), dentro do atual mundo globalizado, que comporta, ainda, o caso especial da APEC.

No contexto da Integração Americana, temos de distinguir a Integração Centro-Americana da Integração Latino-Americana. Tal distinção leva em conta favores meramente geográficos, pois não existe diferença quanto ao finalismo da Integração. A Integração Centro-Americana se caracteriza pela existência de dois organismos básicos, a Associação de Livre Comércio do Caribe e Mercado Comum Centro-Americano. Pela designação de ambas, a primeira se encontra dentro da primeira faixa do comércio exterior (livre comércio), o que realmente ocorre. Já a segunda, que aparentemente se encontra na terceira faixa (mercado comum), ainda não logrou sair, efetivamente da faixa de livre comércio.

A Associação de Livre Comércio do Caribe (CARIFTA, hoje, CARICOM), foi oficialmente criada em 1968, entre Antígua, Barbados, Trinidad e Tobago, Guiana e

Ilhas do Caribe Leste. Sua finalidade é a de suprimir barreiras alfandegárias entre os países-membros. Em 1946, foi criado o embrião da CARIFTA, a Organização das Caraíbas, mediante uma Convenção assinada pelos EUA, Inglaterra, França e Holanda. Depois, já em 1960, surgiu a Organização do Caribe, que visava à cooperação econômica, social e cultural dos países da região. Tudo isso levou ao estabelecimento da CARIFTA, em 1968, como Associação de Livre Comércio. Em 1973, Barbados, Guiana, Jamaica e Trinidad e Tobago concluíram entre si um tratado visando ao funcionamento de um mercado comum, até hoje incipiente economicamente e sem unidade política. É a CARICOM (Comunidade do Caribe), que substituiu a CARIFTA.

O Mercado Comum Centro-Americano (MCCA), surgiu em 1960, por meio do Tratado assinado entre Nicarágua, Honduras, El Salvador, Guatemala e Costa Rica, os mesmos países signatários da Carta de São Salvador, de 1951, que instituíra a Organização dos Estados Centro-Americanos (ODECA). O Mercado Comum Centro-Americano (MCCA) tem por objetivo, como seu nome está indicar, o estabelecimento de um mercado comum na área, o qual, entretanto, também não apresenta os caracteres essenciais exigidos para a efetivação de terceira faixa do comércio exterior. Seus órgãos principais são o Conselho Econômico Centro-Americano, o Conselho Executivo e o Secretariado. Em 1967, foram estabelecidas as normas básicas para o estabelecimento do Mercado Comum Latino-Americano (MCLA), as quais previram a integração econômica e o desenvolvimento industrial da América Latina, mediante o aperfeiçoamento do Mercado Comum Centro-Americano

(MCCA) e da Associação Latino-Americana de Livre Comércio (ALALC), hoje Associação Latino-Americana de Integração (ALADI). Tal fusão não chegou a se efetivar.

A Integração Latino-Americana inclui a Associação Latino-Americana de Livre Comércio (ALALC), hoje, Associação Latino-Americana de Integração (ALADI), o Grupo Andino, o Sistema Econômico Latino-Americano (SELA) e o MERCOSUL. A ALALC (hoje, ALADI, precisamente no intuito de conceder à entidade um caráter integracionista) foi criada em 1960, pelo Tratado de Montevidéu, firmado pela Argentina, Chile, Brasil, México, Peru, Uruguai, Colômbia, Equador, Venezuela e Bolívia.

A finalidade precípua da ALADI é a integração, para o que conta com as atividades de dois órgãos fundamentais, a Conferência das Partes Contratantes (ou simplesmente Conferência) e o Comitê Executivo Permanente. A Conferência é o órgão máximo da Associação e é constituída por delegações dos países-membros. Cada delegação tem direito a apenas um voto. É dirigida por um presidente e dois vice-presidentes e conta com diversas comissões (comissões de credenciais, comissões de negociações, etc.). Entre suas principais funções, temos a adoção de providências necessárias para a execução do Tratado de Montevidéu, a avaliação dos resultados dos trabalhos efetuados, a realização de negociações, a aprovação do orçamento e a designação do secretário executivo do Comitê. Reúne-se, ordinariamente, uma vez por ano, e em sessões extraordinárias, quando convocadas pelo Comitê.

O Comitê Executivo Permanente, como o nome está a indicar é o órgão permanente da ALADI, sendo formado por um representante de cada Estado-Membro. Entre suas funções, temos a apresentação de um relatório anual à Conferência, a convocação desta e a apresentação de recomendações a ela. Possui um Secretariado, cujo principal agente administrativo é um Secretário Geral, eleito para um período de três anos pela Conferência. Além destes dois órgãos, nos termos do Protocolo de 1966, firmado pelos países-membros da ALADI, foi criado o Conselho de Ministros das Relações Exteriores, que reúne, ordinariamente, uma vez por ano. Tem por missão o estabelecimento de normas gerais sobre o funcionamento da entidade e a fixação de normas sobre suas relações com outros países. Também existe no contexto da ALADI, a partir de 1967, um Tribunal Arbitral, para a solução de eventuais litígios entre os Estados-membros, cuja jurisdição é obrigatória.

O Grupo Andino (Comunidade Andina) foi criado pelo Acordo de Cartagena, em 1969, firmado pelo Chile, Peru, Equador, Colômbia e Bolívia, além de contar com observadores permanentes de treze Estados, não integrantes de acordo. No governo Pinochet, Chile saiu do Grupo. Exemplo típico de integração sub-regional, o Grupo Andino tem por objetivo o desenvolvimento industrial dos países-membros e a liberalização do comércio intra-regional, com o propósito de conseguir melhores níveis de vida e um maior equilíbrio entre cada um de tais países. Visa, além disso, o Grupo Andino, a facilitar a participação dos países que o compõem, no contexto da ALADI. Seus órgãos principais são a Comissão, o Comitê Consultivo e o Comitê Assessor Econômico-Social.

2. MERCOSUL e Outras Entidades

O Tratado de Assunção, de 26 de março de 1991, cuidou da constituição de um Mercado Comum entre o Brasil, Argentina, Uruguai e Paraguai, o MERCOSUL. Em seus *consideranda*, fala expressamente em integração dos mercados nacionais dos Estados-Partes, como condição fundamental para acelerar seus processos de desenvolvimento econômico, com justiça social. Este objetivo deverá ser alcançado mediante o eficaz aproveitamento de seus recursos disponíveis, da preservação do meio ambiente, do melhoramento de suas interconexões físicas e da coordenação de políticas macroeconômicas de complementação de seus diferentes setores econômicos. Sempre, com base nos princípios de gradualidade, flexibilidade, equilíbrio e reciprocidade. Inclusive, promovendo seu desenvolvimento científico e tecnológico e modernizando suas economias, ampliando a oferta e a qualidade de bens e serviços a fim de melhorar as condições de vida de seus habitantes.

O Tratado de Assunção cogita direta e expressamente do estabelecimento de um Mercado Comum (art. 1º), o qual implica na livre circulação de bens e serviços dos países-membros, através da eliminação de direitos alfandegários; no estabelecimento de uma tarifa-externa comum e na adoção de uma política comercial comum em relação a terceiros Estados; na coordenação de políticas macroeconômicas e setoriais (comércio exterior, transportes, comunicações, etc.), a fim de assegurar adequadas condições de concorrência; e o compromisso dos Estados-Partes de harmonizar suas legislações, nas áreas pertinentes, para lograr o fortalecimento do processo de integração, através do assim denominado Direito Comunitário, que envolve Direito Interno e Direito Internacional.

A estrutura do MERCOSUL compreende inicialmente, o Conselho do Mercado Comum e o Grupo do Mercado Comum (art. 9º). O Conselho é o órgão superior do MERCOSUL, correspondendo-lhe sua condução política e a tomada de decisões para assegurar o cumprimento dos objetivos e prazos estabelecidos para sua constituição definitiva (art. 10). Compõem o Conselho, os Ministros de Relações Exteriores e os Ministros de Economia dos Estados-Partes (art. 2º). O Grupo é o órgão executivo do MERCOSUL, coordenado pelos Ministérios das Relações Exteriores. Compete-lhe zelar pelo cumprimento do Tratado; tornar as providências necessárias ao cumprimento das decisões do Conselho; fixar programas de trabalho; etc. (art. 13), podendo construir subgrupos de trabalho (Anexo V). Da reunião do Conselho do MERCOSUL, realizada em junho/92, em Las Leñas, Argentina, emanou o Cronograma de Las Leñas, que se comporta uma Agenda de Trabalho, compreendendo temas e datas correspondentes, através de Subgrupos de Trabalho sobre Assuntos Comerciais, Normas, Técnicas, Transporte, Políticas, Emprego, etc.

O Protocolo de Ouro Preto, de dezembro de 1994, concedeu personalidade jurídica ao MERCOSUL, que funcionou com o Grupo e o Conselho do MERCOSUL, acrescentando a Comissão Parlamentar Conjunta e o Foro Consultivo Econômico-Social, que funcionou com o Grupo do MERCOSUL e o Conselho do MERCOSUL, de que participam representantes de empregadores e de empregados. Esse novo perfil institucional concedeu ao MERCOSUL maior força para negociar com outros países. O Protocolo adveio da Reunião dos Estados Partes, em Ouro Preto, na qual o Conselho do MERCOSUL aprovou a lista de 9.000 produtos que passaram a ser comercializados com alíquota zero entre os quatro países, essa, através de uma Tarifa Externa Comum (TEC). Ela corresponde a 85% dos produtos comercializados no MERCOSUL e entrou em vigor a 1º de janeiro de 95. O Conselho também aprovou listas de produtos que teriam suas alíquotas reduzidas, gradativamente, até 1999. Essas listas são chamadas de Listas de Adequações. O Conselho aprovou, também, um Código Aduaneiro, entre outras medidas legais.

O Tratado de Assunção/91, que criou o MERCOSUL, cogita de harmonização legislativa para atender às grandes liberdades a que se propõe: liberdade de circulação de mercadorias, de trabalhadores, de capital, do estabelecimento e de concorrência. Daí advém um Direito Comunitário, não importando a harmonização em uniformidade, em respeito à soberania das Partes. Nesse contexto, é importante a harmonização da legislação trabalhista social e previdenciária, objeto do Subgrupo nº 11 da Entidade — com vistas à questão do emprego — máxime, após sua institucionalização, pelo Protocolo de Ouro Preto/94.

A Solução de Controvérsias é um ponto, dentro do MERCOSUL, que exige o estabelecimento de um Tribunal Permanente, de natureza judicial. O Protocolo de Brasília/91 remete a solução de tais controvérsias ao Grupo Mercado Comum (**GMC**) ou ao Conselho Mercado Comum (CMC), possibilitando Tribunais *ad hoc* que emitiram Laudos Arbitrais sobre temas como aplicação de medidas restritivas ao comércio, subsídios à produção e exportação de carne de porco, salvaguardas sobre produtos têxteis, frangos, bicicletas, pneumáticos, fitossanitários, imposto à comercialização de cigarros, lã, tabaco, etc. O Protocolo de Olivos/2004 institucionalizou dois órgãos arbitrais, os Tribunais Arbitrais *ad hoc* e o Tribunal Permanente de Revisão. Ambos, porém, constituem foro opcional, podendo os Estados recorrer, de imediato, ao Tribunal de Revisão, o que é tautológico, além de possibilitar a atuação de outros sistemas, como a OMC. Daí a necessidade da criação de um Tribunal Permanente de Solução de Controvérsias, o que integra o mecanismo de Integração, ao lado do Parlamento da Entidade, recentemente estabelecido.

O NAFTA (North American Free Trade Agreement — Acordo Norte-Americano de Livre Comércio) é exemplo de zona de livre comércio, agrupando os EUA, Canadá e México. Teve origem no Acordo de Liberalização Comercial entre EUA e Canadá, de 1988 e resultou do Plano Iniciativa para as Américas, de 1990, com o fim de aproximar os EUA da América Latina, conforme o então Presidente Bush. Tal plano compreendia uma proposta ambiental norte-americana, sintetizada através da criação de um fundo de investimentos, da redução da dívida externa, de um programa de empréstimos especiais e de acordos sobre livre comércio. O NAFTA entrou em vigor a 01-01-1994, como resposta dos EUA à União Européia, que sucedeu e fortaleceu a Comunidade Econômica Européia, através do Tratado de Maastricht. Como acordo de livre comércio, visou a eliminação progressiva das barreiras alfandegárias entre os três Estados-Partes. Não é, pois, espaço ampliado para a livre circulação de bens, serviços, capitais e mão-de-obra, como ocorre nos mercados comuns, através, inclusive, da harmonização de políticas econômicas.

Busca o NAFTA acordos bilaterais com vários países da América Latina. A política dos EUA foi, sempre, de multilateralismo comercial. Com o NAFTA, entretanto, partiu para o regionalismo, pois 80% do comércio mundial ocorre dentro dos blocos regionais. Assim, foi assinado o Acordo do Jardim das Rosas/91, entre EUA e MERCOSUL, visando um mecanismo formal de consulta para favorecer fluxos de comércio e investimentos. Prevê o NAFTA a criação de facilidades alfandegárias, a eliminação de tarifas e quotas no plano comercial regional, a liberdade comercial nos setores agrícolas, automobilístico e energético, a proteção dos direitos de propriedade industrial, a disciplinação dos subsídios, a proteção ao meio ambiente e tratamento igual, em princípio, para os investidores dos três Estados-Partes. O Acordo prevê exceções: México (energia e ferrovias); EUA (empresas aéreas e produção de sódio); Canadá (projetos culturais).

A Cúpula das Américas (Miami/94), com a participação de trinta e três Estados, através de Declaração, enfatizou o desenvolvimento global do Hemisfério, a eliminação de barreiras alfandegárias, a elaboração de novas políticas comerciais e o combate ao narcotráfico e ao terrorismo. A previsão é a de que as Américas, como um todo, venham a constituir um Mercado Comum. Fundamental será o papel do NAFTA, para que tal finalidade seja atingida, através da ALCA — ligando o Alaska à Patagônia — o que é visto com reservas pelo Brasil, em face da hegemonia política e das barreiras tarifárias e não-tarifárias dos EUA. As negociações para o estabelecimento da ALCA foram objeto de Cúpulas das Américas e de Conferências Ministeriais, mas o Projeto norte-americano contraria a soberania dos países da Área, em face de sua assimetria econômica, ao acolher barreiras tarifárias e não-tarifárias, a exemplo de subsídios, direitos compensatórios e medidas anti-dumping. Há, também, o problema da concorrência, das medidas de salvaguardas, da harmonização legislativa e da solução de controvérsias, o que impediu o estabelecimento da ALCA e, de certa forma, ensejou a ALBA (Alternativa Bolivariana para a América Latina e Caribe), projeto de integração lançado pela Venezuela, composto de extenso índice temático, incapaz, porém, por si só, de gerar uma autêntica Área de Livre Comércio.

No Continente Africano, podemos citar o Conselho da Aliança, a União Aduaneira e Econômica da África Central, a Organização dos Estados Ribeirinhos do Senegal e a União Aduaneira da África Ocidental. O Conselho da Aliança foi criado em 1959, sob a forma de união aduaneira, pela Costa do Marfim, Alto Volta, Níger, Daomé e Togo. A União Aduaneira e Econômica da África Central (UDEAC), também conhecida como Mercado Comum Centro-Africano (MCCA), surgiu em 1964 e compreende todos os Estados da África Central (Camerum, Congo, Gabão, etc.). Talvez seja a mais importante organização africana, em termos de integração, pois visa ao estabelecimento gradual de um mercado comum. A Organização dos Estados Ribeirinhos do Senegal (OERS) surgiu em 1968, compreendendo a Guiné, Mali, Mauritânia e Senegal. Tem por objetivo o estabelecimento de uma cooperação, não apenas econômica, mas também social e cultural. Seus órgãos principais são: a Conferência, o Conselho de Ministros, a Comissão Interparlamentar e o Secretariado. A União Aduaneira da África Ocidental, que surgiu em 1959, é integrada pela Costa do Marfim, Daomé, Alto Volta, Mauritânia, Níger e Mali. Essas entidades são assistidas — segundo, o exemplo europeu — por um Banco, o Banco Africano de Desenvolvimento, que foi criado em 1963.

Considero a APEC (*Ásia Pacific Economic Cooperation* — Cooperação Econômica da Ásia e do Pacífico) um caso especial, pois se trata de foro econômico com vistas ao livre comércio, mas que ainda não atingiu, sequer, a característica básica de "área de livre comércio", no contexto de um sistema aberto de comércio multilateral (Miguel Marques Vieira). Nela prevê-se, porém, a redução de barreiras comerciais, respeitado o grau de desenvolvimento das economias que a integram (China, Tailândia, Filipinas, Japão, Canadá, Austrália, Nova Zelândia, Cingapura, Taiwan e EUA).

A integração econômica incentivou a fusão das companhias de um mesmo país, por intermédio das empresas multinacionais, como defesa contra a ação das grandes empresas internacionais. A esse respeito, é válida a citação dos arts. 85 e 86 do Tratado de Roma, que criou a CEE. É que tais dispositivos proíbem qualquer acordo entre empresas, suscetível de afetar o livre comércio entre países-membros, que tenha por objetivo impedir a concorrência dentro do próprio mercado comum. Por esse motivo, faço menção às empresas multinacionais que advém de investimentos feitos no estrangeiro, por meio de capitais privados, i.e., de sociedades comerciais controladas por nacionais do investidor. Dentro da CEE v.g., as empresas integradas assinam contratos em igualdade de condições com os Estados, valem-se de arbitragens internacionais e têm direito a recursos.

Passaram, assim, tais empresas, a ser destinatárias de algumas normas de Direito Internacional, mesmo porque se encontram sujeitas a determinados controles estatais, em face da ajuda técnica e financeira de outros Estados. No tocante, p. ex., a contratos assinados entre Estados e sociedades comerciais estrangeiras, sustenta Friedmann pertencerem ao âmbito do Direito Internacional, pois os litígios a eles relativos são solucionados por arbitragens e seu objetivo comercial se reveste de caráter público, que é o desenvolvimento de recursos do Estado receptor. Daí falar Weil em um Direito Internacional dos Contratos, que compreende o conjunto de regras de Direito Internacional Público, relativos aos contratos concluídos entre um Estado e um estrangeiro. Para Jessup, tais contratos pertencem ao Direito Transnacional, que inclui o que conhecemos como Direito Internacional Público e Direito internacional Privado, além do próprio Direito Nacional.

Com o fenômeno da Globalização, que hoje atingiu índices alarmantes, as multinacionais, transformadas em transnacionais, tendem a substituir o Estado-Nação pela Corporação Financeira Transnacional, com fundamento em dois aspectos básicos, a tecnologia dos países ricos (intervenção e ingerência) e a tirania desses países (desrespeito à soberania e ao território). O processo dinâmico de aceleração capitalista que caracteriza a globalização faz com que a Economia torne-se cada vez mais interconectada, partindo de uma primeira fase (movimento de bens e serviços) para chegar numa segunda fase (a megafusão das empresas). As grandes corporações financeiras, detentoras do dinheiro volátil (capital especulativo), tomam as grandes decisões econômicas (e não mais os Estados), através de investimentos estrangeiros diretos, quase sempre perniciosos aos países em desenvolvimento. É que tais investimentos são meramente especulativos — e, portanto, não produtivos — alterando a qualidade dos fluxos financeiros, concentrando a produção de serviços estratégicos no exterior, gerando crise social (desemprego estrutural), exclusão social (concentração de renda), *apartheid* tecnológico, aumento de custos (criando corrupção) e o desaparecimento das fronteiras nacionais, conspirando contra a ideologia do desenvolvimento.

Do exposto, temos que as multinacionais englobaram investimentos nos sistemas econômicos nacionais, explorando a produção de bens e serviços para venda no mercado interno e externo, mas respeitaram o Estado-Nação, enquanto as transnacionais tendem a substituí-lo, pela ação dos investimentos estrangeiros diretos, que geram exclusão social. Criou-se, assim, uma Nova Ordem Mundial, onde o Estado-Nação convive com Organizações (de Cooperação e de Integração), com TNCs e até com ONGs, daí se cogitar, ao lado do Direito Internacional, de um Direito Supranacional e de um Direito Transnacional, além de uma relativização de soberania que somente terá validez porém, se determina pelo próprio Estado-Nação, através do princípio da autolimitação. Daí emana um Direito Global (no tocante ao transnacional) e um Direito de Integração (no tocante a supranacional), de que é exemplo maior a União Européia, como se verá a seguir.

Capítulo II
INTEGRAÇÃO OCIDENTAL
(Européia)

1. União Européia (UE) e Outras Entidades

Há, historicamente, três tendências básicas na Integração Européia, duas na Europa Ocidental: Europa dos Seis (França, Itália, Bélgica, Holanda, Luxemburgo e a ex-Alemanha Ocidental) e Europa dos Sete (Reino Unido, Áustria, Dinamarca, Noruega, Portugal, Suécia e Suíça) e uma na Europa Oriental, no então Bloco Soviético (ex-URSS, Romênia, Polônia, Hungria, ex-Techecoslováquia, Bulgária, Albânia e ex-Alemanha Oriental). Com o passar do tempo, o Bloco dos Seis fortaleceu-se, ao ponto de contar, hoje, com 27 membros, enquanto o Bloco dos Sete se enfraqueceu, passando, inclusive, a fortalecer o Bloco dos Seis, o mesmo ocorrendo com o Bloco Soviético, atualmente extinto. Em síntese, temos o seguinte:

Conselho de Assistência Econômica Mútua (COMECOM)

O COMECOM era o Bloco Soviético, em resposta ao Bloco Ocidental (Mercado Comum Europeu), com objetivos semelhantes: aumento da produtividade, elevação do nível social e desenvolvimento da economia dos Países-Membros, através da planificação econômica, que se opunha à noção de livre mercado. Seus Órgãos principais eram o Conselho, o Comitê Executivo, as Comissões e o Secretariado.

Associação Européia de Livre Comércio (AELC)

O objetivo da AELC era o estabelecimento de um mercado comum entre seus Estados-Membros, por meio da abolição de tarifas e de outros obstáculos ao comércio, quanto a produtos de natureza industrial. Seu mercado comum deveria ser estabelecido por meio da progressiva eliminação dos direitos de importação. O Conselho era seu órgão básico, competente para tomar decisões de caráter obrigatório para todos os Estados-Membros, não possuindo, sequer, uma Assembléia Parlamentar, como costuma ocorrer com organizações dessa natureza.

União Econômica da Bélgica, Holanda e Luxemburgo (BENELUX)

O BENELUX é a mais antiga tentativa de integração européia do pós-guerra. Sua base era uma união aduaneira entre Bélgica e Luxemburgo, de 1921, posteriormente complementada por convenções monetárias e aduaneiras pelos três países e por um protocolo que instituiu uma união aduaneira, compreendendo a livre movimentação de bens, serviços, pessoas e capitais.

Seus órgãos principais eram o Comitê de Ministros composto de três ministros, no mínimo, para cada Estado-Membro, tendo, cada um, direito a um voto, podendo o Comitê criar tanto serviços articulados (*joint services*), quantos necessários; o Conselho Parlamentar Consultivo composto de quarenta e nove membros, sendo vinte e um para a Holanda, vinte e um para a Bélgica e apenas sete para o Luxemburgo; o Conselho da União Econômica, que se relacionava diretamente com o Comitê de Ministros, efetivando suas decisões e coordenando as atividades das diversas Comissões da organização; as Comissões sobre relações econômicas estrangeiras, questões monetárias e financeiras, indústria e comércio, agricultura, alimentação, transporte, saúde pública etc.; o Secretariado Geral tendo à frente um secretariado geral e um secretário geral assistente; o Colégio Arbitral, com a finalidade de decidir eventuais disputas entre as partes contratantes no tocante à aplicação do tratado; e o Conselho Consultivo Econômico Social, que emitia pareceres sobre questões diretamente relacionadas com o funcionamento da Entidade.

Comunidade Européia do Carvão e do Aço (CECA)

A Comunidade Européia do Carvão e do Aço (CECA) se originou da Declaração de Robert Schuman, Ministro das Relações Exteriores da França em 1950, que propôs o estabelecimento, pela França e a ex-Alemanha Ocidental de uma Alta Autoridade, comum a ambos os Estados, responsável pela coordenação e controle de sua produção de carvão e aço. Em 1951, foi assinado o Tratado que criou a CECA, pela Europa dos Seis. A missão da Comunidade era contribuir para a expansão da economia, desenvolvimento do emprego e a melhoria do padrão de vida dos Estados-Membros, visando à futura criação de um mercado comum do carvão e do aço. Seus órgãos principais eram a Alta Autoridade, assistida por um Comitê Consultivo, a Assembléia (hoje Parlamento Europeu), o Conselho Especial e a Corte de Justiça.

A Alta Autoridade era responsável pela efetivação dos propósitos da organização, composta de nove membros, designados por seis anos, podendo ser reeleitos, dos quais, oito escolhidos por acordo, pelos governos dos Estados-Membros, sendo o nono eleito por eles próprios. Atuava, por maioria de votos, mediante decisões, recomendações e opiniões. Somente as decisões eram realmente obrigatórias, no sentido de evitar excesso ou abuso de poder. O tratado previu um sistema de controle, que se efetivava, em primeiro lugar, por intermédio do Comitê Consultivo, composto de cinqüenta e um membros, entre produtores, consumidores e trabalhadores. Depois, por intermédio do Conselho Especial de Ministros, com que a Alta Autoridade trocava informações e efetivava consultas sobre assuntos de interesse comum. Também por intermédio da Assembléia (hoje, Parlamento Europeu), com poderes para analisar e debater os relatórios anuais da Alta Autoridade e forçar a renúncia coletiva de todos os seus componentes. Finalmente, pela Corte de Justiça que em certas circunstâncias, podia anular recomendações e decisões da Alta Autoridade.

Mesmo assim, eram muito grandes os poderes da Alta Autoridade, tanto que, comumente chamados de supranacionais. Analisando este termo (supranacional), A. H. Robertson observa que o mesmo se opõe a "internacional" por diversos motivos. Primeiro, porque o organismo supranacional toma decisões que são obrigatórias a todos os governos, sem receber, necessariamente, seu consentimento prévio. Em segundo lugar, porque um organismo supranacional tem o poder de tomar decisões que diretamente obrigam às empresas nacionais de um Estado, sem qualquer intervenção dos seus governos. Esta a essência do poder supranacional da Alta Autoridade. Assim, as decisões que tomasse sobre assuntos vinculados a preços, tarifas, taxas de transporte etc., no tocante às indústrias de carvão e aço, teriam força executória sobre todas as empresas nacionais do ramo, dos Estados-Partes. A Alta Autoridade chegava a ter poderes extensivos, para impor penalidades sobre as empresas que não acatarem as suas decisões.

O Conselho Especial de Ministros tinha a função de harmonizar a ação da Alta Autoridade e a dos governos responsáveis pela política econômica geral de seus países, composto de representantes (um por governo) dos Estados-membros. A Corte de Justiça compreendia sete juízes, indicados pelos membros da CECA, para executar suas funções por um período de seis anos, podendo ser reeleitos. Era ao mesmo tempo, uma Corte Internacional, uma Corte Constitucional e um Tribunal Administrativo.

De acordo com o Tratado, a Corte tinha jurisdição para decidir sobre dois tipos principais de questões contra a Alta Autoridade. O primeiro tipo compreendia questões levantadas por qualquer Estado-membro ou pelo Conselho de Ministros, no tocante à anulação de uma decisão ou de uma recomendação da Alta Autoridade. O segundo tipo envolvia questões suscitadas por empresas vinculadas à indústria do carvão e do aço ou de suas associações. Além disso, podiam os Estados-membros, o Conselho de Ministros e empresas interessadas recorrer à Corte, se a Alta Autoridade falhasse quanto à prática de atos dentro dos limites de sua competência (art. 35). Tinha a Corte jurisdição, ainda, para solucionar impasses surgidos entre os Estados-membros da CECA quanto à aplicação do tratado.

A Assembléia (hoje, Parlamento Europeu), pelo art. 21 do Tratado da CECA, tinha setenta e oito membros, com mandato de um ano. Reunia-se, ordinariamente, uma vez por ano e extraordinariamente (art. 22). A última vez em que se reuniu foi de 24 a 28 fevereiro de 1958, quando foi substituída pela Assembléia Parlamentar Européia ou Parlamento Europeu, que se reuniu, pela primeira vez, a 19 de março do mesmo ano, como órgão parlamentar das grandes comunidades européias.

Comunidade Européia de Energia Atômica (EURATOM)

A Comunidade Européia de Energia Atômica (EURATOM) também foi criada pelo Tratado de Roma, de 1957, tendo por fim o desenvolvimento das indústrias nucleares dos Países-Membros, visando à criação de um mercado comum nuclear. Seus órgãos principais eram a Assembléia, o Conselho, a Comissão e a Corte de Justiça, além de um Comitê Econômico e Social.

Nos termos da Convenção de 25 de março de 1957, a mesma Assembléia e a mesma Corte de Justiça funcionaram tanto para o EURATOM como para a CEE e substituíram, na CECA, os órgãos correspondentes nela existentes anteriormente, os quais perderam, pois, sua razão de ser. Assim, o Conselho, a Comissão, a Assembléia e a Corte de Justiça passaram a ser órgãos comuns à CECA, à CEE e ao EURATOM. Possuía o EURATOM, ainda, o Comitê Econômico Social, cuja função era de natureza consultiva, comum à CEE, onde estavam representadas diversas categoriais sociais, tais como produtores, trabalhadores, comerciantes, agricultores e profissionais liberais.

Comunidade Econômica Européia (CEE) ou Mercado Comum Europeu (MCE), Hoje, União Européia (UE).

A Comunidade Econômica Européia (CEE) ou Mercado Comum Europeu (MCE) foi criada pelo Tratado de Roma, de 1957. Os princípios da CEE compreendiam, v.g. o estabelecimento de um mercado comum, uma política econômica e social unificada, a harmonização da legislação dos países-membros, a eliminação de barreiras alfandegárias, o estabelecimento de tarifas aduaneiras comuns e a criação de um Banco Europeu de Investimentos, o qual ensejou, em 1991, o Banco Europeu para a Reconstrução e o Desenvolvimento com sede em Londres. Seus órgãos principais eram a Assembléia, o Conselho, a Comissão, a Corte de Justiça e um Comitê Econômico Social.

A Comissão correspondia a Alta Autoridade da CECA. Compreendia nove membros e era um órgão de caráter executivo, não havendo referência, entretanto, como ocorreu com esta última (CECA), ao caráter supranacional do órgão, conforme se observa do disposto no Tratado de Roma. Deveria a Comissão formular recomendações ou opiniões sobre pontos objeto do tratado, tendo poderes de decisão em assuntos de sua competência.

O Conselho era competente para coordenar a política econômica geral dos Estados-membros, disposto, também de poderes de decisão. As questões mais importantes deveriam ser decididas por unanimidade dos membros do Conselho, enquanto as outras, apenas por maioria qualificada. Nos termos do tratado, tal maioria qualificada era alcançada por meio de doze votos, pois, a Bélgica e a Holanda possuíam dois votos cada uma, a Alemanha, a França e a Itália, quatro votos cada uma, e o Luxemburgo, apenas um voto. Quando o tratado não estipulasse expressamente a maioria qualificada ou unanimidade, poderiam as decisões ser tomadas por maioria simples.

A Corte de Justiça tinha as mesmas funções que a Corte da CECA, no sentido de serem respeitados o Direito e a Justiça, na interpretação e aplicação do tratado. Compreendia sete juízes indicados por períodos de seis anos. Era também uma Corte Internacional, uma Corte Constitucional e um Tribunal Administrativo. É interessante observar que tanto Estados, como pessoas físicas e empresas comerciais, tinham o direito de recorrer à Corte, contra qualquer ato do Conselho ou da Comissão. Com base em uma Convenção de 25 de março de 1957, apenas uma Corte de Justiça passou a existir para as três grandes Comunidades Européias.

O Tratado dispunha, ainda, sobre o Parlamento Europeu (Assembléia), que se reunia ordinariamente, uma vez por ano e compreendia delegados dos parlamentos nacionais de todos os Estados-Membros. O Comitê Econômico e Social tinha cento e vinte e um membros, apontados pelo Conselho, após consulta à Comissão e contava com sessões especializadas sobre assuntos de competência da CEE, inclusive, em termos de agricultura e transporte. A parte III do Tratado cuidava da política da CEE, com base em quatro itens: regras comuns, política econômica, política social e a criação do Banco Europeu de Investimento, este, administrado por um Conselho de Governadores, um Conselho de Diretores e um Comitê Especial e competente para apresentar projetos para o desenvolvimento das regiões subdesenvolvidas dos Estados-membros e projetos para a modernização de empresas desses mesmos Estados.

2. O Tratado Constitucional

O Tratado assinado em Roma, em 29 de outubro de 2004, que estabeleceu uma Constituição para a Europa, baseia-se em Declarações e Protocolos e tem quatro Partes. A Parte I tem como objetivos: Direitos Fundamentais e Cidadania — Competências — Instituições e Órgãos — Vida Democrática — Finanças — Estados Vizinhos e Qualidade de Membro da União. A Parte II é a

Carta dos Direitos Fundamentais da União. A Parte III trata das Políticas e do Funcionamento da União. A Parte IV contém Disposições Gerais e Finais, a que se segue a Ata Final, com diversos Anexos, Protocolos e Declarações. A temática *supra* pode ser sintetizada da seguinte forma:

PARTE I

A União tem personalidade jurídica própria, símbolos (bandeira, hino, moeda: Euro), valores (liberdade, democracia, igualdade, justiça) e está aberta a todos os Estados Europeus que respeitem e promovam tais valores. Seus objetivos são a promoção da paz, da liberdade, da segurança e da justiça, o progresso científico e tecnológico com vistas ao desenvolvimento sustentável, promovendo a coesão econômica, social e territorial, combatendo a exclusão social e a discriminação, garantida a livre circulação de pessoas, serviços, mercadorias e capitais.

A Constituição não se refere a uma Soberania Européia Global, mas, sem utilizar a expressão *Soberania*, em suas relações com os Estados-Membros, respeita sua identidade nacional, refletida nas estruturas políticas e constitucionais fundamentais, assim como as funções essenciais do Estado-Nação, nomeadamente as que se destinam a garantir sua integridade territorial, a manter a ordem pública e a salvaguardar a segurança nacional. Trata-se, pois, de uma *Soberania Compartilhada*, dentro da tríplice faceta econômica, política e jurídica do fenômeno da Integração (Luiz Otávio Pimentel), que ensejou (Elizabeth Accioly) a revisão do clássico conceito de Soberania, adequando-a à Nova Ordem Mundial, onde a União Européia comparece como a única organização realmente supranacional existente no planeta (Valério Mazzuoli).

Prova dessa Soberania Compartilhada está na temática da Cidadania da União, que compreende qualquer pessoa que tenha a nacionalidade de um Estado-Membro, acrescendo à cidadania nacional, mas, não a substituindo, o que envolve liberdade de ir e vir, direito de eleger e de ser eleito, direito de se beneficiar da proteção de autoridades diplomáticas e consulares e o direito de se dirigir às instituições da União e aos seus órgãos consultivos. Por isso, a delimitação da competência da União rege-se pelo princípio da atribuição — isto é, conforme os limites das competências que os Estados-Membros lhe tenham atribuído — dentro, pois, da subsidiariedade e da proporcionalidade.

Há duas categorias de competências da União: a competência exclusiva (união aduaneira, regras de concorrência, política monetária, política comercial comum) e competência partilhada (mercado interno, política social, ambiente, energia, segurança, justiça). Há uma coordenação de políticas econômicas e de emprego pelos Estados-Membros no âmbito da União, tanto no plano social, como no plano monetário, inclusive, disposições específicas aos Estados-Membros cuja moeda seja o euro (o que demonstra, uma vez mais, respeito às soberanias nacionais, tanto que o Reino Unido, até hoje, não adotou o euro como símbolo da União). O mesmo ocorre quanto à definição gradual de uma política comum de defesa. A União dispõe ainda, de competência para desenvolver ações de apoio, de coordenação e de complementação (saúde, indústria, cultura, turismo, educação, desporto).

O quadro institucional da União segue a linha das Comunidades Européias *retro* expostas (principalmente da CEE) e compreende: o Parlamento Europeu, o Conselho Europeu, o Conselho de Ministros (Conselho), a Comissão Européia (Comissão) e o Tribunal de Justiça. Outras instituições e órgãos consultivos da União são o Banco Central Europeu, o Tribunal de Contas, um Comitê das Regiões e um Comitê Econômico e Social. Há, aí, semelhança com os órgãos principais da Comunidade Econômica Européia (CEE), como visto *retro*, após à experiência do BENELUX, da CECA e do EURATOM.

O Parlamento exerce, com o Conselho, a função legislativa, a função orçamental e o controle político da União. Seus membros são eleitos por um mandato de cinco anos. Seu número não pode ser superior a 750 e a nenhum Estado-Membro podem ser atribuídos mais de 96 lugares. O Conselho Europeu define as prioridades políticas da União, não exerce função legislativa, pronuncia-se por consenso e elege seu presidente por maioria qualificada por um mandato de dois anos e meio, renovável somente uma vez, cabendo-lhe nomear o Ministro dos Negócios Estrangeiros da União. Já o Conselho (Conselho de Ministros) exerce, com o Parlamento, a função legislativa e a função orçamental da União, definindo políticas e deliberando por maioria qualificada. A Comissão promove o interesse geral da União, velando pela aplicação da Constituição e do direito da União, executando o orçamento, gerando programas, com um mandato de cinco anos. Seus membros são escolhidos entre os nacionais dos Estados-Membros, com base num sistema de rotação igualitária. O Tribunal de Justiça da União garante o respeito do direito na interpretação e aplicação da Constituição, incluindo o Tribunal Geral e os tribunais especializados, sendo composto por, pelos menos, um juiz de cada Estado-Membro, sendo assistido por advogados-gerais. O Banco Central e os Bancos Centrais Nacionais (dos países que adotem o euro) constituem o Sistema Europeu de Bancos Centrais — o Eurossistema — e conduzem a política monetária da União. O Tribunal de Contas efetua a fiscalização das contas da União. O Comitê das Regiões e o Comitê Econômico e Social exercem funções consultivas e assistem o Parlamento, o Conselho e a Comissão.

O exercício das competências da União compreende atos jurídicos com base na Lei-Quadro Européia, atos legislativos (decorrentes do processo legislativo ordinário) e atos não-legislativos (recomendações), tomando os Estados-Membros todas as medidas de Direito Interno para a execução dos atos juridicamente vinculativos da União. São os Atos de execução, previstos pela Constituição Européia.

A Constituição prevê três tipos de Disposições Específicas: relativas à políticas externa e de segurança comum; relativas à política comum de segurança e de defesa; e relativas ao espaço de liberdade, segurança e justiça, complementadas por uma Cláusula de Solidariedade, em hipóteses de catástrofes naturais ou de origem humana, incluindo meios militares, inclusive, em casos de ameaça ou de ataques terroristas. Todos os órgãos principais da União são consultados, tendo em vista o grau de convergência crescente das ações dos Estados-Membros. No primeiro caso, pelo Ministro dos Negócios Estrangeiros da União e pelos Estados-Membros, no segundo caso, levando em conta a definição gradual de uma política de defesa comum, respeitada a ação da OTAN (aqui, também, são ouvidos os Estados-Membros, numa prova a mais de respeito as suas soberanias) e com expressa vinculação ao disposto no art. 51 da Carta da ONU (legítima defesa). E no terceiro caso, com a aproximação de disposições legislativas (harmonização e não uniformização legislativa), através de cooperação operacional que envolve a Europol. Em qualquer das hipóteses, a Constituição prevê, ainda, uma "cooperação reforçada" — autorizada, como último recurso, pelo Conselho — se os Estados-Membros assim o desejarem, reforçando o processo de Integração.

Ao tratar da Vida Democrática da União, a Constituição fala de três princípios: Princípio da Igualdade Democrática, Princípio da Democracia Representativa e Princípio da Democracia Participativa. Cogita de diálogo social autônomo, levando em conta a diversidade dos sistemas nacionais e a transparência dos trabalhos das instituições, órgãos e organismos da União. Protege dados pessoais e não interfere no estatuto das igrejas e das organizações não-confessionais. As finanças da União envolvem princípios orçamentários e financeiros; recursos próprios da União; quadro financeiro plurianual e orçamento anual, que deve respeitar o equilíbrio entre receitas e despesas, integralmente financiado por recursos próprios da União, sem prejuízo de outras receitas, respeitado o quadro financeiro plurianual da União estabelecido pelo Conselho.

Finalmente, assim como a União encontra-se aberta a todos os Estados europeus que respeitem seus valores e se comprometam a promovê-los em comum — conforme processo de adesão em que são ouvidos os principais órgãos da União — pode ocorrer a suspensão de direitos resultantes da qualidade de membro (o que envolve Estados-Membros, Conselho, Parlamento e Comissão), mantidas, porém, as obrigações por força da Constituição. Pode ocorrer, também, a saída voluntária da União, em conformidade com suas respectivas normas constitucionais, numa prova a mais de respeito à soberania do Estado-Membro.

PARTE II

A Carta dos Direitos Fundamentais da União compreende um Preâmbulo (que exorta os valores da liberdade, igualdade, solidariedade e os princípios da Democracia e do Estado de Direito) e sete Títulos (Dignidade, Liberdade, Igualdade, Cidadania, Justiça e Disposições Gerais).

Temos, assim, o direito à vida (com condenação da pena de morte), direito à integridade (física e mental), com proibição de práticas eugênicas e de clonagem reprodutiva, proibição da tortura e a tratos ou penas desumanas e degradantes, proibição da escravidão, da servidão e do trabalho forçado (inclusive proibição do tráfico de seres humanos). Direito à liberdade e à segurança, respeito à vida privada e familiar, proteção de dados pessoais, direito de contrair casamento e de constituir família — conforme legislações nacionais, sem distinguir, uniões hetero de homossexuais — liberdade de pensamento, de consciência e de religião, liberdade de expressão e de informação, liberdade de reunião e de associação, direito à educação, liberdade de investigação científica, liberdade profissional, direito ao trabalho, liberdade de imprensa, direito de propriedade, direito de asilo e proteção em caso de expulsão ou de extradição.

E mais: Igualdade perante a lei, não-discriminação, respeito à diversidade cultural, religiosa e lingüística, igualdade entre os homens e mulheres (emprego, trabalho e remuneração), direitos das crianças, direitos dos idosos e direito dos deficientes. Direito de negociação e de ação coletiva, proteção em caso de despedida sem justa causa, direito à justa condição de trabalho, proibição do trabalho infantil, proteção do trabalho jovem, segurança social e assistência social, proteção da saúde e do ambiente e política de defesa do consumidor. Quanto à Cidadania, direito de eleger e de ser eleito nas eleições para o Parlamento e nas eleições municipais, direito à boa administração, direito de acesso a documentos, direito de petição ao Parlamento (pessoa física ou jurídica), liberdade de circulação e de permanência e proteção diplomática e consular.

Em termos de justiça, direito a um tribunal imparcial, presunção de defesa, legalidade e proporcionalidade dos delitos e das penas, respeito ao *non bis in idem*, a que se seguem disposições quanto à interpretação e aplicação da Carta, contendo, inclusive, seu âmbito de aplicação, as instituições, órgãos e organismos da União, bem como os Estados-Membros, quando aplicarem o direito da União. Nota-se, aqui, uma vez mais, o respeito às normas internas dos Estados-Membros, resguardando sua soberania, o mesmo ocorrendo quanto à interpretação dos direitos e dos princípios reconhecidos pela Carta, levando em conta as práticas nacionais preexistentes.

Finalmente, a Carta repudia todo e qualquer abuso de direito, enlargecendo o nível de proteção dos direitos e liberdades fundamentais da pessoa humana, levando em conta não somente o direito da União, a Constituição dos Estados-Membros e as normas de Direito Internacional (inclusive a Convenção Européia para a Proteção dos Direitos do Homem e das Liberdades Fundamentais, diversas vezes referida na Carta). Essa simbiose entre Direto Interno e Direito Externo configura, uma vez mais, a idéia de Soberania Compartilhada e de respeito às soberanias nacionais, até porque — insisto em afirmá-lo — a Integração representa aumento de Poder, seja econômico, seja político e, no caso, criando um Bloco Europeu que possa fazer face à estrutura dos Estados Unidos da América do Norte, seja em termos de desenvolvimento, de investimentos, de população, de território, de PIB, etc. Vencerá, é claro, quem investir mais no Social, no contexto do presente mundo integrado e globalizado.

PARTE III

Trata-se, aqui, de Políticas e do Funcionamento da União, onde, *inter alia*, merecem destaque os seguintes detalhes pontuais: disposições de aplicação geral, não-discriminação, cidadania, asilo, imigração, cooperação judiciária, ação externa da União, segurança comum, defesa, acordos internacionais e solidariedade.

Há, aqui, disposições de aplicação geral sobre eliminação de desigualdades, promoção de um nível elevado de emprego, proteção social, luta contra a exclusão social, educação, saúde, combate à discriminação, proteção do meio ambiente, defesa do consumidor, execução de políticas nos domínios da agricultura, pesca, transporte, mercado interno, desenvolvimento tecnológico e combate à discriminação, em razão do sexo, raça ou origem étnica, religião ou crença, deficiência, idade ou orientação sexual. Neste último caso, o Conselho delibera por unanimidade, após a aprovação do Parlamento Europeu. Há menção, também, a medidas de incentivo da União em apoio às ações dos Estados-Membros sobre a matéria, com exclusão de harmonização das suas disposições legislativas e regulamentares, onde se observa, uma vez mais, a convivência do Direito Comunitário — ou, no dizer de Ricardo Seitenfus e Deisy Ventura, Direito Comunitário Derivado, que emana dos tratados constitutivos da União Européia — com os Direitos Nacionais.

É o Direito Internacional em movimento — advertem aqueles autores — que conduz à autonomia do Direito Comunitário, através, por exemplo, da inserção das normas comunitárias nas ordens jurídicas internas (conforme Paulo Casella, citando João Mota Campos). A aplicação uniforme do Direito Comunitário no espaço da Comunidade não elide, porém, a aplicação das normas nacionais nas ordens jurídicas internas. Essa delimitação de competências entre a União e os Estados-Membros é uma das linhas mestras do Tratado de Nice/2001 — advertem Alfredo Menezes e Pio Pena Filho —, em virtude do alargamento da União e é resultado de um longo caminho, a partir do Tratado de Roma/1957, com o Tratado de Maastricht/1992, que deu nova dimensão à construção da unidade européia e do Tratado de Amsterdam/1997, que enfatizou a temática social da Entidade.

Em termos de segurança, a União assegura, por um lado, a ausência de controle de pessoas nas fronteiras internas e, por outro lado, a presença de controle de pessoas nas fronteiras externas, criando em matéria de segurança interna um Comitê Permanente no seio do Conselho. Sugere, ainda, um sistema integrado de gestão das fronteiras externas, através de uma política comum de vistos e da livre circulação de nacionais de terceiros países, respeitada a competência dos Estados-Membros no que respeita à definição geográfica das suas respectivas fronteiras, de acordo com o Direito Internacional.

No tocante a uma política comum em matéria de asilo, a União propõe um Sistema Europeu Comum que beneficiará, inclusive, a qualquer nacional de terceiros países que necessite de proteção internacional em condições normais ou em situações de emergências, caracterizada por um súbito fluxo de nacionais de terceiros países, através de proposta da Comissão ao Conselho, que deliberará após Consulta ao Parlamento Europeu.

A União desenvolve uma política comum de imigração, com o fim de garantir gestão eficaz dos fluxos migratórios, um tratamento eqüitativo dos nacionais de terceiros países que residam legalmente nos Estados-Membros, bem como a prevenção da imigração ilegal e do tráfico de seres humanos e o combate contra estes fenômenos. Isso envolve condições de entrada e de residência, emissão de vistos, reagrupamento familiar, repatriamento de residentes em situação ilegal e combate ao tráfico de seres humanos, em especial, de mulheres e crianças.

A União desenvolve uma cooperação judiciária em matéria civil com incidência transfronteiriça, assente no princípio do reconhecimento mútuo das decisões judiciais e extrajudiciais, o que pode incluir medidas de aproximação das disposições legislativas dos Estados-Membros. Daí emanam medidas destinadas a assegurar a execução das decisões judiciais e extrajudiciais da União, o acesso efetivo à justiça, a eliminação de obstáculos à boa tramitação das ações e o apoio à formação dos magistrados e dos agentes de justiça. Por isso, José Cretella Netto comenta que a estrutura institucional das Organizações Internacionais enfatiza, em seus órgãos jurisdicionais, o Tribunal de Justiça da União Européia.

A Ação Externa da União baseia-se na Democracia, no Estado de Direito, na Carta da ONU e no Direito Internacional, com vistas à segurança, respeito aos direitos humanos, preservação da paz, prevenção de conflitos, desenvolvimento sustentável, defesa do meio ambiente, salvaguardando, enfim seus valores, com vistas a incentivar a Integração dos Países-Membros na economia mundial, pela progressiva eliminação dos obstáculos ao comércio internacional, para o que se faz necessária uma cooperação multilateral reforçada. Com base nesses itens, princípios e objetivos (muitos já citados anteriormente), o Conselho Europeu pautará a estratégia da União, por recomendação do Conselho, contando, ainda, com a participação da Comissão e do Ministro dos Negócios Estrangeiros.

Essas disposições de aplicação geral são complementadas por disposições comuns no campo da Política Externa e de Segurança Comum, que os Estados-Membros apóiam sem reservas. A União conduz tal política definindo orientações gerais, adotando decisões que definam ações, posições e regras de execução, através do Conselho, do Conselho Europeu dos Negócios Estrangeiros, a que se aliam os serviços diplomáticos dos Estados-Membros. Qualquer ação operacional da União imposta por uma situação internacional levará determinado tipo de definição de objetivos, que poderão ser objeto de revisão na hipótese de alteração de circunstâncias.

Tais decisões vinculam os Estados-Membros, o que não elide, da parte destes, a tomada de posição quanto a ações nacionais, objeto de comunicação ao Conselho, inclusive em regime de urgência ou de necessidade imperiosa. As decisões européias são, nesta temática, adotadas pelo Conselho, deliberando por unanimidade, comportando, porém, abstenções que obrigam, mas que não permitem atuação susceptível de colidir com a ação da União. A abordagem comum da União definida pelo Conselho Europeu (ou pelo Conselho) conta com a atividade coordenada do Ministro dos Negócios Estrangeiros da União e dos Ministros dos Negócios Estrangeiros dos Estados-Membros e, *inter alia*, com a colaboração das missões diplomáticas dos Estados-Membros. Pode, também, a União celebrar acordos com Estados-Membros e outros Estados e com Organizações Internacionais sobre a matéria. Os Estados-Membros coordenam sua ação no âmbito dessas Organizações Internacionais, assim como em Conferências Internacionais, e se forem membros do Conselho de Segurança da ONU, defenderão, no exercício de suas funções, os interesses da União, sem prejuízo das responsabilidades que lhes incumbem por força da Carta de S. Francisco. Sem prejuízo da competência do Ministro dos Negócios Estrangeiros da União, contará esta, também, com a ação de um Comitê Político e de Segurança nas hipóteses que especifica.

Esse Comitê, por determinação do Conselho, é competente para tomar medidas pertinentes em matéria de controle político e de direção estratégica da operação, assim como de gestão de crises que envolvam meios militares, desarmamento, missões humanitárias e luta contra o terrorismo. A execução dessa política não afeta as atribuições das instituições previstas na Constituição para o exercício da competência da União nos seus domínios de competência exclusiva (União Aduaneira, concorrência, política monetária, política comercial comum), a coordenação das políticas econômicas e de emprego e domínio das ações de apoio, coordenação e complemento (saúde, indústria, cultura, turismo, educação, desporto).

A União pode celebrar acordos, inclusive de associação, — como firmado *retro* — com Organizações Internacionais e até mesmo com terceiros países, para alcançar os objetivos estabelecidos pela Constituição. Tais acordos vinculam tanto as instituições da União, como os Estados-Membros o que pode, lamentavelmente, incidir sobre direitos soberanos, dependendo, é claro, da atuação do Conselho, que autoriza a abertura das negociações, define as diretrizes da negociação, autoriza a assinatura e celebra os acordos projetados, inclusive, em matéria de política externa e de segurança comum, após consulta ao Parlamento Europeu e de sua aprovação, em casos de acordos de associação, processos de cooperação e acordos orçamentários, afora acordos formais relativos a um sistema de taxas de câmbio do euro em relação às moedas dos terceiros Estados, com a atuação do Conselho, da Comissão e do Banco Central Europeu.

Sem prejuízo dos acordos da União no domínio da união econômica e monetária, podem os Estados-Membros negociar nas instâncias internacionais e celebrar acordos, o que se afigura bastante positivo. A União, por sua vez, estabelece cooperação com a ONU, com as agências especializadas da ONU, com o Conselho da Europa, com a Organização para a Segurança e a Cooperação na Europa (OSCE) e com a Organização de Cooperação e Desenvolvimento Econômico (OCDE). Em seu relacionamento com os Estados-Membros, pode a União aplicar a Cláusula de Solidariedade, quando um Estado-Membro for vítima de um ataque terrorista e de catástrofe natural ou de origem humana, hipótese em que, a pedido do Estado-Membro afetado, os outros Estados-Membros prestar-lhe-ão assistência, coordenando-se no Conselho da União.

Há Disposições Comuns, na Constituição que, por sua importância e/ou alcance, merecem análise especial, separando o positivo do negativo. Por exemplo, parece ser muito positiva a ação conjunta do Conselho, da Comissão e do Parlamento, no sentido de fortalecer a ação da União, mas isto, por outro lado, pode acarretar ingerência nos assuntos internos dos Estados-Membros. Positivo, também, é o tratamento dado a regiões de precária situação econômica e social estrutural (Guiana Francesa, Matinica, Açores), nomeadamente, sobre políticas aduaneira, comercial e fiscal, mas, que, por outro lado, pode retardar (ou até mesmo impedir) sua autonomia e independência. A Constituição em nada prejudica o regime de propriedade dos Estados-Membros, o que é positivo, mas, o fato da União poder adquirir ou alienar bens móveis e imóveis, pode acarretar conflito entre ela e os Estados-Membros. Nenhum Estado-Membro é obrigado a fornecer informações contrárias aos seus interesses e a sua segurança, o que é positivo, mas, por outro lado, a União pode recolher todas as informações que julgar necessárias dos Estados-Membros, o que se apresenta negativo. Outro ponto é o da responsabilidade da União, pois, somente no caso de matéria de responsabilidade extracontratual (excluída a responsabilidade contratual) ela é obrigada a indenizar danos causados aos Estados-Membros. Finalmente, a Constituição não prejudica os direitos e obrigações assumidos pelos Estados-Membros decorrentes de Convenções anteriormente celebrados (o que é positivo) salvo hipótese de serem incompatíveis com a Constituição, quando os Estados-Membros deverão eliminar as incompatibilidades verificadas (o que é negativo).

PARTE IV

Temos, aqui, Disposições Gerais e Finais, que compreendem *inter alia*, revogação de tratados anteriores, sucessão e continuidade jurídica, âmbito de aplicação territorial, uniões regionais, revisão, vigência, ratificação e entrada em vigor.

A Constituição revoga tratados anteriores (inclusive o Tratado da Comunidade Econômica Européia), atos de adesão (a exemplo do Reino Unido, hoje, membro da União), mas mantém o BENELUX, pois, ao falar em Uniões Regionais, mostra-se favorável a sua existência e aperfeiçoamento, citando, expressamente, a União entre Bélgica, Luxemburgo e Países Baixos (Holanda). A União Européia estabelecida pelo presente Tratado sucede à Comunidade Européia (o que importa menção a Tratados anteriormente estudados), permanecendo os atos dessas instituições em vigor, enquanto não forem revogados, anulados ou alterados, preservando, também, outros elementos do acervo comunitário, inclusive, de natureza jurisprudencial.

A Constituição prevê sua própria revisão sob três formas. A primeira, através de processo ordinário de revisão, por meio de qualquer Estado-Membro, do Parlamento ou da Comissão, diretamente ao Conselho, que remete os projetos de revisão ao Conselho Europeu, notificados os Parlamentos Nacionais. O Conselho Europeu poderá decidir (após Consulta ao Parlamento e à Comissão) por maioria simples. A segunda, por meio de processo simplificado de revisão, observado a Constituição que, quando a Parte III determinar que o Conselho delibere por unanimidade, o Conselho Europeu pode autorizar o Conselho a deliberar por maioria qualificada. E a terceira, por processo simplificado de revisão, relativamente às políticas e ações internas da União. Aqui, o Estado-Membro, o Parlamento ou a Comissão submetem ao Conselho Europeu projetos de revisão de todas ou de parte das disposições do Título III da Parte II (Políticas e Ações Internas da União). O Conselho Europeu delibera por unanimidade, após consulta ao Parlamento e à Comissão (e ao Banco Central Europeu, no caso de alterações no plano monetário), com a competente aprovação dos Estados-Membros, nos termos de suas normas constitucionais.

De vigência ilimitada, deve o Tratado ser ratificado pelas Altas Partes Contratantes, conforme suas normas constitucionais, sendo os instrumentos de ratificação depositados junto ao Governo da República Italiana, pois assinado em Roma, no dia 29 de Outubro de 2004 e redigido num único exemplar, em 21 idiomas, correspondentes aos 27 membros do Grupo, dois dos quais ainda não o ratificaram (França e Holanda). Seu âmbito de aplicação territorial compreende todos os Membros (com seus territórios ultramarinos devidamente listados no Tratado, Declarações e Protocolos anexos à Constituição): Bélgica, República Checa, Dinarmarca, Alemanha, Estônia, Letônia, Lituânia, Grécia, Espanha, França, Irlanda, Itália, Chipre, Luxemburgo, Hungria, Malta, Holanda, Áustria, Polônia, Portugal, Eslovênia, República Eslovaca, Finlândia, Suécia e Reino Unido da Grã-Bretanha e Irlanda do Norte. Em Janeiro de 2007 aderiram ao Tratado a Romênia e a Bulgária.

Conforme a Declaração de Berlim, de 25 de Março de 2007, festejando os 50 anos de Integração Européia, foi com o contributo de cada um de seus Membros que a Europa se unificou, num exemplo vivo da tese de Jellinek de Autolimitação da Soberania (*Auto* e não *Alter*), pois, de 3 membros, a Entidade hoje conta com 27 e outros interessados (Turquia, por exemplo, a despeito da problemática religiosa e de respeito aos direitos humanos). Da Cooperação, pois, passou-se à Integração, envolvendo aspectos econômicos, sociais e políticos, razão por que insisto na noção de Poder (econômico-político-social), através da criação e manutenção do maior Bloco de Países que o mundo conheceu e conhece, através de um Direito Comunitário que inovou o Direito Internacional Clássico, com noções supranacionais e até mesmo transnacionais, graças ao fenômeno da Globalização, repleto, como a Integração, de pós e contras.

Com efeito, a Integração — no seu maior exemplo que é a União Européia — é excepcional resultado de comunhão de interesses, de contigüidade geográfica e de cultura semelhante, sendo que a unificação, com o estabelecimento dos Estados Unidos da Europa — afirma Celso Alburquerque Mello — e eu ora complemento — contra os Estados Unidos da América do Norte — tem sido o ideal dos seus estadistas. Daí tantas entidades historicamente integracionistas: Conselho da Europa, Conselho Nórdico, AELC, BENELUX, CECA, EURATOM, CEE (MCE), UEO, CE (Comunidade Européia), UE (União Européia), restando, quiçá, um substantivo para a OTAN (também integrada pelos EUA), no plano nitidamente militar, no contexto do processo dialógico de Habermás, com vistas a uma nova consciência política e à ação estrutural de Hannah Arendt.

Claro que tudo isso importou numa domesticação das soberanias nacionais — conforme Jean-Marc Ferry, citado pelo grande e saudoso Celso — que outros denominam de relativização de soberania — quimera, para uns, realidade para outros, objeto de severas críticas por muitos — mas, se nos detivermos sobre a logicidade do instituto, temos que posições e oposições coexistem no plano humano e no plano internacional, sendo a vida comunitária ora acessível, ora refratária, a fórmulas. Mas a realidade é que o interesse em participar do Grupo é crescente e cada vez maior seu relacionamento com outros Grupos e com terceiros Estados. Logicamente, ao ingressar no Clube, o sócio passa a obedecer e a seguir uma regulamentação, à qual ele não estaria vinculado, se não ingressasse no Clube, mas, por que (e como) justificar a intensidade de sua ânsia em ingressar? Isto sempre ocorreu no plano internacional, antes da própria Liga das Nações, com a ONU — no plano da Cooperação, com honrosas exceções (a Suíça, vg, até hoje não faz parte da Organização das Nações Unidas, pelo simples fato de que não quer integrá-la) e o mesmo ocorre no plano da Integração (UE, MERCOSUL), e no plano misto Cooperação-Integração da OMC.

Daí o Estado interessado em entrar no Clube negociar, assinar, ratificar, registrar, publicar, emendar, reservar-se e denunciar, pois, se não o fizer, não integrará o Clube. Mas, por que ele o faz — e o faz com veemência — a ingressa no Clube? Logicamente, porque o ingresso lhe interessa e, depois, se houver desinteresse, ele poderá denunciar o Tratado, deixando de fazer parte do Clube. Tudo, no exercício (que tantos discutem e alguns repudiam), do exercício de sua Soberania. A condição soberana do Estado-Nação só não pode é prosperar, nem, tampouco, ser invocada *contra legem*, adverte Paulo Cassella, que tão bem sintetizou os princípios da União Européia em democracia, liberdade econômica e primazia do Direito Comunitário.

E são esses mesmos princípios — dentro de uma síntese ou de uma análise — que constam da recente Declaração de Berlim, ao aludir à paz, liberdade, primado do Direito, respeito mútuo, segurança, justiça, solidariedade e preservação de um justo equilíbrio entre os interesses dos Estados-Membros. "Enfrentamos grandes desafios que não conhecem fronteiras nacionais e a União Européia é a resposta que temos para lhe dar. Só em conjunto poderemos preservar para o futuro o nosso ideal europeu de sociedade, a bem de todas as cidadãs e cidadãos da União Européia", pondera a Declaração, conjugando sucesso econômico com responsabilidade social, declarando luta contra o terrorismo, a criminalidade organizada, a imigração ilegal, o racismo, a xenofobia, a pobreza, a fome, a miséria e a doença, acenando com políticas educacionais, energéticas e climáticas, porquanto — e assim termina a Declaração — "Temos a certeza: a Europa é nosso futuro comum".

A configuração política da Europa deve ser moldada, a cada passo e ao ritmo dos tempos — adverte a Declaração — com o objetivo de até às eleições para o Parlamento Europeu de 2009, dotar a União Européia de uma base comum e renovada. Por outras palavras, a própria União reconhece o processo integrativo, com a possível admissão de novos Membros, com eventuais revisões normativas, dentro do contexto atual da Integração, envolvendo mercados integrados e contratos internacionais e, às vezes, a própria hipertrofia da cidadania européia. Tanto isso é verdade, que ela admite que "continuará a viver da sua abertura e da vontade dos Membros que a integram para simultaneamente e em conjunto, consolidarem o (seu) desenvolvimento interno (continuando) também a promover a Democracia, a estabilidade e o bem-estar para além das suas fronteiras".

A Integração e a Globalização são, hoje, duas realidades e como tal devem ser encaradas, com seus prós e contras, numa tentativa, inclusive, de desenvolver mais os prós do que os contras, dentro da citada linha da Auto-Limitação, até porque envolvem, ambas, aspectos políticos, jurídicos e econômicos (ligando Economia à Ecologia), com reflexos na participação, na convivência e na conexão. Observa Wagner Menezes que as constantes mutações decorrentes do desencadeamento das perspectivas do Regionalismo (Integração) e do processo de Globalização, no cenário internacional contemporâneo, exigem métodos sistematizados e instrumentos hábeis e dinâmicos para regulamentar essas complexas relações. Tais métodos e instrumentos deverão respeitar as identidades nacionais dos Estados, para que livremente possam comparar as vantagens da entrada (no Bloco) com as desvantagens do isolamento (do Bloco), a fim de atuar no complexo contexto da Nova Ordem Mundial, também representada por Grupos que, ao lado do Estado-Nação, detém o Poder de planejar, coordenar, comandar e controlar.

Assim, se há um Bloco Asiático, um Bloco Africano e um Bloco Americano, por que não haver um Bloco Europeu? No caso, a ligação da União Européia com o Sub-Bloco do MERCOSUL pode ser uma realidade lucrativa, para ambos, com o Acordo Interregional planejado e até hoje não complementado. Pode, também, ocasionar o desenvolvimento do Bloco Americano (a revisão do NAFTA), propiciando uma Área de Livre Comércio das Américas que em nada reflita os defeitos do *draft* norte-americano para uma pretendida ALCA, isto é, ausência de barreiras tarifárias e não-tarifárias, respeito às assimetrias econômicas, à diversidade tecnológica e a direitos humanos, num real consenso hemisférico e efetiva estratégica de participação.

O Tratado que estabeleceu uma Constituição para a Europa deixa claro que a União Européia tem personalidade jurídica própria, mas respeita a personalidade jurídica de todos os seus Estados-Membros. Tem prós e contras, é verdade, mas seus prós suplantam seus contras, servindo de exemplo a semelhantes normas de outros

Blocos. Está a União Européia aberta — pois não impõe — a todos os países europeus que respeitem e promovam seus valores (liberdade, democracia, igualdade, justiça). Sem utilizar a expressão Soberania, pressupõe, contudo, como se observa do contexto, uma Soberania Compartilhada, dentro da tríplice faceta econômica, política e jurídica do fenômeno da Integração, com vistas aos seus objetivos básicos (segurança, progresso tecnológico, coesão social, combate à exclusão e à discriminação, e garantia de livre circulação de pessoas, bens, serviços e capitais).

O Estado-Nação passou, historicamente, por transformações emanadas, tanto do plano interno, como do plano internacional, ocasionando a reestruturação do conceito de Soberania — mas nunca sua extinção — dentro de adequações, comparações, manifestações e decisões do próprio Estado, com fundamento no Direito. Este, enquanto ciência sócio-adaptativa (Atahualpa Fernandez), exige racional construção normativa ligada à cognição e ao diálogo, dentro do pressuposto da voluntária limitação estatal, pois a condição soberana do Estado não pode ser invocada *contra legem*, conformando-se com os parâmetros do Direito Internacional e do Direito Interno.

Advertiu Kelsen que, dentro de uma sociedade organizada, a ausência absoluta da força não é possível, daí aparecer o Direito como caracterização da força e o Estado como centralização dessa mesma força. A razão está em que a característica essencial do Direito, enquanto ordem coercitiva, a fim de impedir o anarquismo, consiste em estabelecer o monopólio da força comum, cabendo ao Estado a centralização (e não a monopolização) da força, com vistas a um Estado Mundial, concentrando todos os meios de Poder. Sintomática a visão kelseniana de concentração de Poder (o que ocorre na Integração) ao reunir, espontaneamente, Nações Soberanas e Estado Mundial (fala-se, hoje, numa Governança Global), sempre vinculando o Estado ao Direito e o Direito ao Estado. Daí decorre uma idéia de legitimidade, que apresenta a União Européia, entidade com personalidade jurídica própria que respeita a personalidade jurídica de seus Estados-Membros. Tal dinâmica integra a Nova Ordem Mundial — ao mesmo tem internacional, transnacional e supranacional — onde o Estado-Nação convive com outros atores, sem deixar de ser o protagonista principal desse contexto.

Tal a concludente Conclusão deste estudo, seguindo não só uma linha moralizante dostoievskiana, mas a própria lógica grupal da convivência, a fim de evitar aporias e anátemas, através da negociação, da discussão, da revisão e da atualização, pois, afinal, parafraseando Carlos Drummond de Andrade, o problema não está somente no inventar, mas, principalmente, no manter o que foi inventado...

CONCLUSÃO

De todo o exposto, conclui-se que a temática da Cooperação e da Integração vincula-se à noção de Poder, sendo da maior importância no contexto internacional, tanto Clássico, como Moderno. Naquele, o Estado-Nação exerce poderes muito mais amplos e decisivos, daí se cogitar do exercício de uma Soberania Absoluta e, neste, com a divisão de poderes e de competências entre Estados e Organizações, de uma Relativização de Soberania.

Por isso, sempre defendi a tese de Jellinek, de uma Autolimitação, por parte do Estado (*Auto*, e não *Alter*), no exercício de sua própria Soberania, ao decidir, por exemplo, ingressar (ou não) numa Organização Internacional e, ao fazê-lo, tendo garantido o direito de denúncia, que importa em sair da Entidade, quando assim lhe convier, o que se encontra, em geral, expresso nos próprios acordos que criam e deliberam sobre tais Entidades. O mesmo ocorre no plano geral dos Tratados e Convenções, da Diplomacia e da própria Integração.

Claro que, hoje, com as Entidades Supranacionais — como vimos no caso maior da União Européia — pode-se cogitar de situações que restringem de forma mais abrangente as soberanias nacionais, dentro, porém, de um princípio de equilíbrio normativo *retro* analisado. O mesmo poder ser notado, também, nas Entidades Transnacionais (TNCs), com o confronto entre Estado-Nação e Empresa Transnacional, o que envolve princípios, tanto de Direito Internacional Público, como de Direito Internacional Privado, dentro do contexto da Nova Ordem Mundial.

Essa Ordem, como já foi dito, opera através de Blocos, que envolvem Estadas, Organizações (inclusive não-governamentais), Empresas e a própria Pessoa Humana, daí a criação e manutenção de novos órgãos judiciais, a exemplo da Corte Interamericana de Direitos Humanos, do Tribunal Internacional do Direito do Mar, do Tribunal Penal Internacional e da Corte Européia, fazendo-se sentir, na prática, a deficiência do MERCOSUL em virtude de ainda não contar com um Tribunal Permanente de Solução de Controvérsias, a despeito de seus Tribunais *ad hoc* e de seu tautológico Tribunal de Revisão. Quanto ao MERCOSUL — noutro plano — válido é, também, cogitar de seu crescimento e ampliação, para dialogar com uma eventual ALCA ou, o que se me assemelha melhor, realmente idealizar e estabelecer uma autêntica Área de Livre Comércio das Américas, em que os interesses de todas as Américas sejam respeitados, para fazer face, inclusive, à União Européia. Em termos, ainda, judicantes, vale menção ao Tribunal de Solução de Controvérsias da CMC, envolvendo países centrais e periféricos, dentro do contexto da própria Organização, que não integra a ONU e não está a ela subordinada, embora mantenha, com ela, interessante e dinâmico diálogo.

Tudo isso integra o Direito Internacional de Cooperação, que efetivamente tende a um Direito de Integração, num plano essencialmente econômico, mas que não exclui uma unidade política. Tanto a Cooperação, como a Integração, almejam a manutenção da paz e aumentam as potencialidades de seus Estados-Membros, com vistas a objetivos comuns e respeito a valores básicos. Claro que isso tudo envolve uma revisão do instituto da Soberania, podendo o Estado ingressar (ou não) em organizações dessa natureza, preferindo o isolamento ao diálogo, sendo este último — e a prática o demonstra — muito mais encontrável no plano internacional, com fundamento nos princípios de efetividade, de legitimidade e de reciprocidade (ou não), todos eles, princípios fundamentais ao estabelecimento e à manutenção da Ordem Jurídica Internacional.

Essa Nova Ordem Jurídica Internacional há de conviver com a Nova Ordem Mundial, que atua nos campos econômico e político. Citando Scwarzenberger, Carreau, Farjat, Starke, Weil, Bermejo e Alain Pellet, nosso saudoso e inesquecível CELSO cogita de um Direito Internacional de Desenvolvimento (com o mesmo campo de atuação do Direito Internacional Econômico), unindo Soberania à Interdependência, talvez o Direito Comum da Humanidade, de Alfredo Carrizosa.

É mais ou menos o que Wolfgang Friedmann tinha em mente ao considerar as Novas Dimensões do Direito Internacional, que conduzem à maior amplitude de seu raio de ação, que, a partir de um Direito Internacional de

Coexistência (cujos esforços são pacíficos), conduz a um Direito Internacional de Cooperação (cujos interesses são desenvolvimentistas), o qual, por sua vez, ensejou um Direito Internacional de Integração. Neste, o exemplo maior é o da União Européia e, naquele, a Organização das Nações Unidas, compondo, ambos, a Nova Ordem Jurídica Internacional. Daí o *leit motiv* do presente trabalho: o Direito das Organizações Internacionais e o Direito de Integração.

BIBLIOGRAFIA BÁSICA

ACCIOLY, Elizabeth — A Proteção do Meio Ambiente na União Européia, in Estudos sobre Integração, Org. Werter Faria, Liv. do Adv., Porto Alegre, 2000.

ACCIOLY, Hildebrando — Manual de Direito Internacional Público, ed. rev. Pelo Emb. Geraldo Eulálio do Nascimento e Silva, Saraiva, São Paulo, 1976.

ARAÚJO, Luis Ivani de Amorim — Curso de Direito Internacional Público, Forense, Rio de Janeiro, 1991.

ARAUJO, Nadia de e MARQUES, Claudia Lima (orgs.) — O Novo Direito Internacional: Estudos em Homenagem a Erik Jayme, Renovar, Rio de Janeiro, 2005.

BAPTISTA, Luiz Olavo e FRANCO FONSECA, J.R. (Coord) — O Direito Internacional no Terceiro Milênio, LTr, S. Paulo, 1998.

BITAR, Orlando — Obras Completas, 2 vols., Renovar, Rio de Janeiro, 1996.

CANÇADO TRINDADE, Antônio Augusto — Direito das Organizações Internacionais, Del Rey, Belo Horizonte, 2002.

CASELLA, Paulo Borba — Constituição e Direito Internacional, in Direito da Integração (Coord. Paulo B. Casella e Vera Lúcia Viegas Liquidato), Quartier Latin, S. Paulo, 2006.

CRETELLA NETO — José — Teoria Geral das Organizações Internacionais, Saraiva, S. Paulo, 2007.

DEL'OLMO, Florisbal de Souza — Curso de Direito Internacional Público, Forense, Rio de Janeiro, 2002.

GUERRA, Sidney — Direito Internacional Público, Freitas Bastos, Rio de Janeiro, 2005.

JESSUP, Philip — Direito Transnacional, F. de Cultura, Rio de Janeiro, 1965.

KELSEN, Hans — La Paz Por Médio del Derecho, Trot, Madri, 2003.

LITRENTO, Oliveiros — Manual de Direito Internacional Público, Forense, Rio de Janeiro, 1968.

MAZZUOLI, Valério de Oliveira — Curso de Direito Internacional Público. LTr, S. Paulo, 2006.

MENEZES, Alfredo da Mota e Pio Penna Filho — Integração Regional, Ed. Campus, Rio de Janeiro, 2006.

MEIRA MATTOS, Adherbal — Direito Internacional Público, Renovar, Rio de Janeiro, 2002.

MEIRA MATTOS, Adherbal — Reflexões sobre Direito Internacional e Relações Internacionais, Quartier Latin, S. Paulo, 2007.

MELLO, Celso Alburquerque — Curso de Direito Internacional Público, 2 vols., Renovar, Rio de Janeiro, 2004.

MENEZES, Wagner — Teoria da Transnormatividade da Norma Jurídica in Apresentação: O Direito Internacional e o Direito Brasileiro, Unijui, Ijui, 2004.

NASCIMENTO E SILVA, Geraldo Eulálio — Conferência de Viena sobre o Direito dos Tratados, MRE, Rio de Janeiro, 1971.

PIMENTEL, Luiz Otávio — Direito da Integração e Relações Internacionais, F. Boiteux, Florianópolis, 2001.

RAWLS, J — Le Droit des Gens, Esprit, Paris, 1996.

RANGEL, Vicente Marotta — Natureza Jurídica e Delimitação do Mar Territorial, R. Tr, S. Paulo, 1996.

REZEK, J. F. — Direito Internacional Público, 1991.

RODAS, João Grandino — A Publicidade dos Tratados Internacionais, Ed. Atlas, S. Paulo, 1975.

SEITENFUS, Ricardo e VENTURA, Deisy — Direito Internacional Público, Liv. do Advogado, P. Alegre, 2006.

SHAW, M. N — Internacional Law, Cambridge Un. Press, Cambridge, 1997.

SOARES, Guido Fernando Silva — Direito Internacional do Meio Ambiente, Ed. Atlas, S. Paulo, 2001.

VALLADÃO, Haroldo — Direito Internacional Privado, F. Bastos, Rio de Janeiro, 1978.

Impresso em offset nas oficinas da
FOLHA CARIOCA EDITORA LTDA.
Rua João Cardoso, 23 – Rio de Janeiro-RJ
CEP 20220-060 – Tel.: **2253-2073** - Fax.: **2233-5306**